Kurt Pahlen
Das Buch der Volkslieder

Die Pflege des Volksliedes war Kurt Pahlen während seines ganzen Lebens ein besonderes Anliegen. In seinen zahlreichen Büchern hat er immer auf die Wichtigkeit lebendigen Musizierens und auf die enge Verwandtschaft zwischen Kunstmusik und Volksmusik hingewiesen. In vielen Ländern der Welt hat er mit Chören, Kinderchören und Orchestern, im Rundfunk und im Fernsehen gearbeitet.
Dieses Taschenbuch basiert auf der reich illustrierten Originalausgabe *Das Buch der Volkslieder* von Kurt Pahlen, 176 Volkslieder aus acht Jahrhunderten zum Singen und Musizieren (Klavier, Keyboard, Akkordeon, Flöte, Blockflöte oder andere Melodieinstrumente). Die eigens für die Ausgabe verfassten Klaviersätze stammen von Kurt Pahlen, Claus-Dieter Ludwig, Hilger Schallehn und Friedrich Zehm.
Bestellnummer: ED 8600

Kurt Pahlen

Das Buch der Volkslieder

176 Volkslieder aus acht Jahrhunderten
Melodieausgabe mit
Akkordbezifferungen

SCHOTT

Bibliografische Information der Deutschen Nationalbibliothek
Die Deutsche Nationalbibliothek verzeichnet diese Publikation in der Deutschen
Nationalbibliografie; detaillierte bibliografische Daten sind im Internet über
http://dnb.d-nb.de abrufbar.

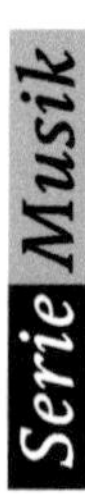

Bestellnummer SEM 8371
ISBN 978-3-254-08371-5
Originalausgabe 1998
© 2009 Schott Music GmbH & Co. KG, Mainz, für Zusammenstellung, Kommentare
und sämtliche Harmonisierungen
Akkordbezifferungen von Kurt Pahlen (K. P.), Friedrich Zehm (F. Z.), Hilger Schallehn
(H. S.) und Claus-Dieter Ludwig (C.-D. L.)

www.schott-music.com
www.schott-buch.de

Coverabbildung: Bildagentur Huber, Garmisch-Partenkirchen
Lektorat: Brigitte Franken
Satz: Peter Klein, Wiesbaden
Druck und Bindung: Clausen & Bosse, Leck
Printed in Germany · BSS 49252

SERIE MUSIK ATLANTIS · SCHOTT
Band 8371

Inhalt

6

»Volkslied« – was ist das? Das klingt so einfach und ist doch schwer zu erklären und abzugrenzen gegenüber vielem, was die Wissenschaft nicht als solches gelten lassen will: gegenüber den nur wenige Noten umfassenden und unermüdlich wiederholten Gesängen primitiver Völker wie auch bei den »volkstümlichen« Liedern aus Operetten, den Schlagern u. a. Oft verfließen die Grenzen. Aus volkstümlichen Liedern können – wenn sie nur »alt« genug werden – vielleicht einmal Volkslieder entstehen.

Aber wir wollen hier nicht wissenschaftlich verfahren. Ein Volkslied: Das ist sicher ein Lied, das »im Volk« gesungen wird, zu dessen Verständnis keine Literatur- und Musikkenntnisse nötig sind, ein Lied, mit dem wir sozusagen geboren wurden, das in unsere Wiege klang, das zur Landschaft, zur vertrauten Umwelt gehört und das uns, *weit über Land gefahren* (Rilke), unsichtbar mit der Heimat verbindet, an Vertrautes erinnert, Zugehöriges bewusst werden lässt. So einfach ein Kanon zu erklären ist, ja selbst Begriffe wie Sonate oder Oratorium verständlich gemacht werden können, so schwer – wenn nicht gar unmöglich – ist eine klare, allgemein gültige Definition des Begriffes Volkslied. Denn sein tiefstes Wesen widersetzt sich jeder Regelung, jeder Einordnung in starre Gesetze, lässt sich ebenso wenig in feste Normen pressen wie etwa ein Sonnenuntergang über dem Meer, das Farbenspiel einer Blume oder auch die Gefühlsregungen eines Menschen.

Volkslieder: Das sind Verse und Melodien, um aus vollem Herzen die Schönheit der Erde, die Schwermut des Abschieds zu besingen, den Wechsel der Jahreszeiten mit Blühen, Reifen und Welken gleich dem Menschenleben. Lieder vom Wandern und Ruhen, vom Streben in die Ferne und vom Heimweh, vom Waldesdunkel und Wiesengrün, vom ewigen Rollen der Wogen, vom Rauschen alter Brunnen und vom unfassbaren Ziehen der Sterne in der Nacht. Lieder vom menschlichen Leid und Glück, von Lachen und Tränen, von Geheimnissen und Regungen der Seele.

Und so geht es uns nicht darum, die Kontroversen um das Volkslied anzufachen, den Begriff noch mehr zu verwirren. Um das Singen geht es uns, dieses herrliche Geschenk der Natur, das uns beglücken, erheben, trösten, dem Mitmenschen näher bringen und das vermitteln kann, für das es sich letztlich allein lohnt zu leben:

die inneren Werte. In unserer Zeit geht ein neuer, starker Zug zum Volkslied durch die Welt. Es ist wie eine Bewegung zur Natur hin, wie das alte *Retour à la nature!* Rousseaus. Singgruppen entstehen hier und dort, Volkschöre, Kindersingschulen, Fernsehen und Rundfunk setzen Volksliedsendungen in ihr Programm und erzielen überraschende Einschaltquoten. Berühmte Sänger mischen Volksliedartiges in ihre kunstvoll aufgebauten Liederabende. Das Volkslied ist aus seinem musealen Schlaf erwacht. Es drückt die Sehnsucht des modernen Menschen nach dem Einfachen, Echten, Gesunden aus. Wer die Geschichte beobachtet, findet diese Bewegung immer wieder an jenen gefährlichen Punkten, wo der Verstand über das Gefühl, der Materialismus über den Humanismus zu siegen scheint, das Gekünstelte als Wahrheit ausgerufen, die Macht als Götze angebetet wird. Dann erweist es sich immer wieder, dass die Volkskunst nicht tot ist. Doch nicht nur wertvolles Altes, Traditionelles wird wieder lebendig: Neues wird geschaffen wie einst, als die Minnesänger durchs Land zogen, als die Meistersinger in den mittelalterlichen Städten volkstümliche Kunst pflegten, als die Romantiker aus dem Überschwang ihrer Herzen viele jener Lieder schufen, die uns heute, ein-, zweihundert Jahre später, besonders nahe stehen. Auch heute ziehen hier und da wieder Menschen durchs Land – moderne Troubadoure –, finden Verse und Melodien, singen sie, sei es auf dem Lande, sei es an verkehrsumbrandeten Ecken der Weltstädte, in einer Werkshalle oder einer Schule.

Es wäre fesselnd, die Geschichte des deutschen Volkslieds nachzuzeichnen, aber mehr als Andeutungen können in diesen kurzen Ausführungen nicht gegeben werden. Johann Gottfried Herder, der wohl der deutschen Jugend im letzten Viertel des 18. Jahrhunderts die meisten Anregungen gab, schuf das schöne Bild von den »Stimmen der Völker« und wahrscheinlich auch den Begriff »Volkslied«, wenn es auch ähnliche Bezeichnungen schon früher gab und die Engländer seit längerem von einem »popular song« sprachen. Goethe sammelte in Straßburger Jugendtagen elsässische Volksweisen und nahm zu Anfang des neuen Jahrhunderts hocherfreut die Widmung der von Clemens Brentano und Achim von Arnim zusammengestellten bedeutenden Volksliedersammlung *Des Knaben Wunderhorn* entgegen. Mozart verriet seinen Hang zum Volkstümlichen in vielen Werken und trug mit *Komm, lieber Mai, und mache …* eine Perle zum volksmäßig-kindertümlichen Lied bei. In Haydns Sinfonien (so im letzten Satz der 104. in D-Dur) finden sich Melodien, die dem bäuerlichen Umkreis seiner hocharistokratischen Wirkungsstätte im Burgenland entnommen sind und vorwiegend südslawischen Ursprung aufzeigen. Beethoven wählte für den ersten Satz seiner sechsten, der »pastoralen« oder ländlichen Sinfonie eine serbokroatische Volksweise zum Hauptthema, schrieb mehrfach Variationen über sehr volkstümliche Melodien und sammelte im Auftrag eines schottischen Verlegers Volkslieder aus vielen Ländern Europas. Schuberts enge Beziehungen zur Volksmusik liegen offen wie bei kaum einem anderen Meister. Darum auch konnte Franz Schmidt, selbst ein namhafter österreichischer Komponist, im Jahre 1928 bei der Feier zum Gedenken an Schuberts Tod vor hundert Jahren den bemerkenswerten Satz sagen: *Alle Kunst aus dem Volke.* Unter den Ratschlägen, die Schumann angehenden Musikern widmete, lesen wir: *Höre fleißig auf alle Volkslieder, sie sind eine Fundgrube der schönsten Melodien und öffnen dir den Blick auf den Charakter der verschiedenen Nationen!* Mendelssohn schrieb Weisen, die in den Volksmund übergingen, Brahms liebte alte deutsche Volkslieder, die er – feinsinnig bearbeitet – herausgab; mit *Guten Abend, gut' Nacht* gelang ihm selbst ein Lied, das volkstümlich oder Volkslied geworden ist.

Die Volksliedsammlungen, die seit der Romantik und besonders in unserem Jahrhundert erschienen, sind in ihrer Vielfalt nicht zu überblicken. Ludwig Uhlands schon ferne *Alte hoch- und niederdeutsche Volkslieder* und die große, Grundlage jeder späteren Forschung bildende Sammlung von Erk/Böhme seien besonders erwähnt. Heute besitzt das verdienstvolle Deutsche Volksliedarchiv in Freiburg/Breisgau eine großartige Zusammenschau mit ungezählten wissenswerten Daten über Quellen, Ursprung und Historie der einzelnen Lieder. Unsere Sammlung sucht trotz diesem überreichen Material Neues zu bieten. Sie versucht, indem sie Lieder aus unseren Tagen erschließt, zu beweisen, wie lebendig das Volkslied heute ist; ja, sie wünscht sich sogar dazu beizutragen, dass die eine oder andere dieser neuen Weisen eines Tages zum Volkslied werden möge. Die Auswahl ist persönlich, kann gar nicht anders sein, wenn man bedenkt, dass es galt, aus zehntausenden vorhandener Melodien eine Auswahl treffen zu müssen. Und die sollte noch dazu möglichst »gerecht« verteilt sein! Die Lieder sollten von der Waterkant kommen so gut wie aus den Alpen, aus (zum Teil einstigen) Randgebieten der deutschen Kultur geradeso wie aus den zentralen Gauen, sie wollen Österreichisches einschließen wie Schweizerisches. Und so stehen die Dialekte nebeneinander und bilden ein buntes, frohes Mosaik voll Leben, voll Interesse für den Sammler, voll Anregung für den Sänger. Wo unsere Fassung nicht genau mit dem übereinstimmt, was der Leser vielleicht kennt, möge er bedenken, dass das »Volk« seine Lieder niemals starr von Generation zu Generation übernimmt, sondern sie seinem jeweiligen Geschmack anpasst, »zersingt«, so wie es seine Bräuche ändert, damit sie am Leben bleiben und nicht veralten. Möglicherweise ist gerade das am Volkslied so schön, dass jeder Gau unserer Sprache, weit über Landesgrenzen hinaus, gewissermaßen seine eigene Fassung besitzen und diese als sein Eigentum betrachten kann. Was ist »richtig«? Niemand kann es sagen. Was gesungen, wirklich im Volksmund gesungen wird, ist immer richtig. Zum Singen wollen wir beitragen. Sängen alle Menschen, alle Kinder – und sei es auch nur in kurzen, täglichen Augenblicken der Muße –, die Welt wäre froher, glücklicher, brüderlicher, menschlicher.

Kurt Pahlen

Abend wird es wieder

2. Nur der Bach ergießet
sich am Felsen dort
und er braust und fließet
immer, immer fort.

3. Und kein Abend bringet
Frieden ihm und Ruh;
keine Glocke klinget
ihm ein Rastlied zu.

4. So in deinem Streben
bist, mein Herz, auch du;
Gott nur kann dir geben
wahre Abendruh.

Ach, bittrer Winter

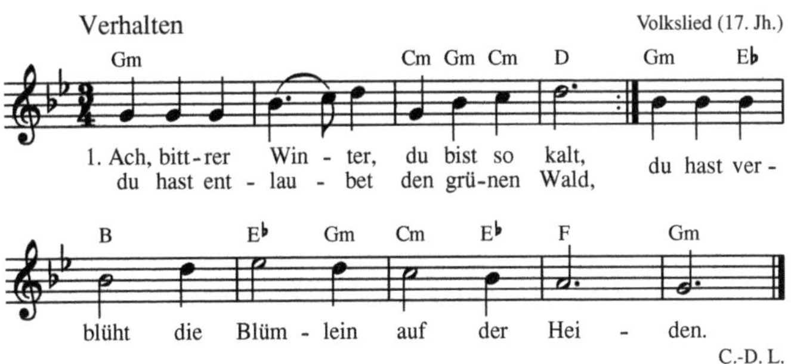

2. Die bunten Blümlein sind 'worden fahl,
entflogen ist uns Frau Nachtigall.
Sie ist enflog'n und wird uns nicht mehr singen.

Ach Elslein, liebes Elselein

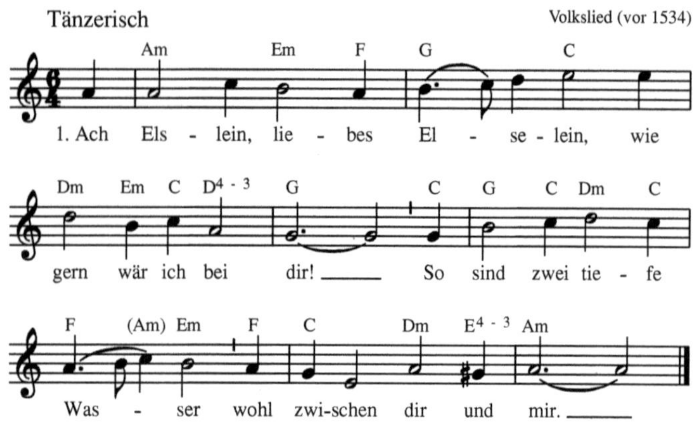

2. Das bringt mir große Schmerzen,
herzallerliebster G'sell,
und ich von ganzem Herzen
geb's für groß' Ungefäll'.

3. Hoff, Zeit wird es wohl enden,
hoff, Glück wird kommen drein,
sich in all's Gut's verwenden,
herzallerliebstes Elselein.

Dieses alte Liebeslied erscheint in fünfstimmigem Satz zum ersten Mal in der Sammlung *Hundert und ainundzweintzig newe Lieder* des Nürnberger Buchhändlers und Verlegers Johann Ott im Jahre 1534.

Ach Mädchen, nur einen Blick

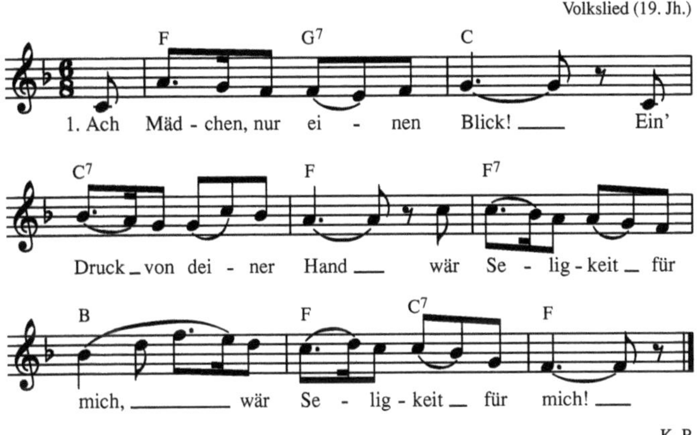

2. Ach, sprich doch das Urteil bald aus!
O Mädchen, sonst wär's mit mir aus!
Ja, prüf mich nicht länger zum Scherz
und schenk mir doch endlich dein Herz!

Die Melodie dieses Liedes trat erstmals um 1800 auf. Eine genaue Herkunft ist nicht zu ermitteln; sie kam seinerzeit am Niederrhein, im Elsass, in Thüringen vor. Vor 1830 schrieb ein fahrender Handwerksbursch namens W. Walter einen siebenstrophigen Text, in dem er einem Mädchen mit Selbstmord droht, wenn es ihn nicht erhöre. Heute wird das Lied mit den hier angegebenen zwei Strophen gesungen, deren erste annähernd Walters Fassung entspricht, deren zweite aber wahrscheinlich von einem anderen Verfasser stammt.

Ach Mod'r, ich well en Ding han

Volkslied aus dem Rheinland,
auch in Norddeutschland verbreitet

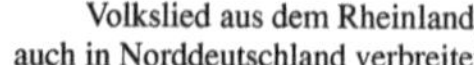

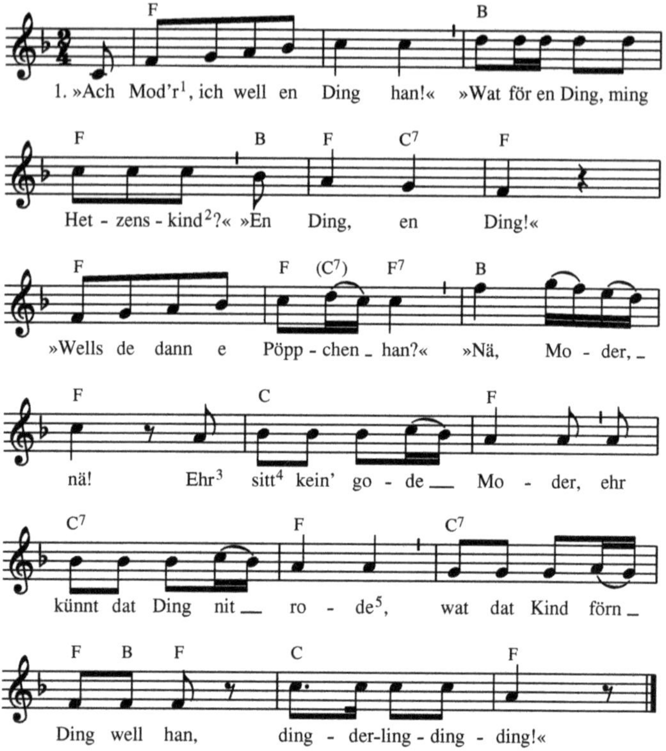

K. P.

2. »Ach Mod'r, ich well en Ding han!«
»Wat för en Ding, ming Hetzenskind?«
»En Ding, en Ding!«
»Wells de dann e Ringelchen han?«
»Nä, Moder, nä!
Ehr sitt kein' gode Moder,
ehr künnt dat Ding nit rode,
wat dat Kind förn Ding well han,
ding-der-ling-ding-ding!«

[1] Mutter
[2] Herzenskind
[3] ihr (Anrede)
[4] seid
[5] raten

3. »Ach, Mod'r, ich well en Ding han!«
»Wat för en Ding, ming Hetzenskind?«
»En Ding, en Ding!«
»Wells de dann e Kleidchen han?«
»Nä, Moder, nä!
Ehr sitt kein' gode Moder,
ehr künnt dat Ding nit rode,
wat dat Kind förn Ding well han,
ding-der-ling-ding-ding!«

4. »Ach Mod'r, ich well en Ding han!«
»Wat för en Ding, ming Hetzenskind?«
»En Ding, en Ding!«
»Wells de dann ene Mann han?«
»Jo, Moder, jo!
Ehr sitt en gode Moder,
ehr künnt dat Ding wohl rode,
wat dat Kind förn Ding well han!
Ding-der-ling-ding-ding!«

Johannes Brahms (1833–1897) nahm dieses ihm vielleicht aus seiner Jugend bekannte Lied in seine Hamburger Volksliedersammlung auf.

Ach, wie ist's möglich dann

Text: Wilhelmine von Chézy (?) (1783–1856)
Melodie: Friedrich Wilhelm Kücken (1810–1882)

H. S.

18

2. Blau blüht ein Blümelein,
das heißt Vergißnichtmein;
dies Blümlein leg ans Herz
und denke mein!
Stirbt Blum' und Hoffnung gleich,
wir sind an Liebe reich;
denn die stirbt nie bei mir,
das glaube mir!

3. Wär ich ein Vögelein,
bald wollt ich bei dir sein,
scheut Falk und Habicht nicht,
flög schnell zu dir.
Schöss mich ein Jäger tot,
fiel' ich in deinen Schoß;
sähst du mich traurig an,
gern stürb ich dann.

Die Autorenschaft an der Melodie des viel gesungenen Liedes wurde von mancher älteren Sammlung einem Freiherrn Emmerich von Hettersdorf zugeschrieben, der es 1812 vertont haben soll. Heute steht fest, dass die Weise von dem damals sehr namhaften Stuttgarter Hofkapellmeister Friedrich Wilhelm Kücken stammt, der in Bleckede an der Elbe im Kreis Lüneburg als Bauernsohn geboren wurde und in Schwerin starb. Neben vielen anderen Werken wie Liedern, Chören, auch Kammermusik und einer Oper, die heute vergessen sind, schrieb er dieses Lied, das er *Treue* betitelte. Musiklexika aus dem 19. Jahrhundert räumen dem Autor beträchtlichen Raum ein, Heine schickte ihm Texte zur Vertonung (mit der Anrede im Begleitbrief: *Liebes Kücken!*), Meyerbeer rühmte ihn als hervorragenden Kapellmeister. Auch über die Herkunft des Textes *Ach, wie ist's möglich dann* gibt es Kontroversen. Ist die erste Strophe ein »Volkslied aus Baden«? Oder stammt sie aus der Feder der (sehr mittelmäßigen) Dichterin Wilhelmine (Helmina) Christiane von Chézy, die auch für Schubert und Weber Lieder- und Operntexte verfasste? Das vorliegende Gedicht entstand im Jahre 1812, die Melodie schrieb Kücken 1827.

Ade zur guten Nacht

F. Z.

2. Es trauern Berg und Tal,
wo ich viel tausendmal
bin drüber 'gangen;
‖: das hat deine Schönheit gemacht,
hat mich zum Lieben 'bracht
mit großem Verlangen :‖

3. Das Brünnlein rinnt und rauscht
wohl unterm Holderstrauch,
wo wir gesessen.
‖: Wie manchen Glockenschlag,
da Herz bei Herzen lag,
hast du vergessen! :‖

4. Die Mädchen in der Welt
sind falscher als das Geld
mit ihrem Lieben.
‖: Ade zur guten Nacht,
jetzt wird der Schluss gemacht,
dass ich muss scheiden :‖

Die Melodie dieses Liedes ist ähnlich 1807 in Thüringen vorgebildet (*Es sull sech halt'g Keener*), dann mehrfach zwischen 1814 und 1839 (z. B. *Frühmorgens, als der Tag anbrach*) und aus dem Jahre 1841 überliefert als *Ade, nun muss ich scheiden*. Text und Melodie erscheinen vereinigt, wie heute überall gesungen, anscheinend erstmalig im *Deutschen Lieder und Commersbuch* von Göpel (Stuttgart 1847).

Ännchen von Tharau

Text: Simon Dach (?) (1605–1659)
Melodie: Friedrich Silcher (1789–1860)

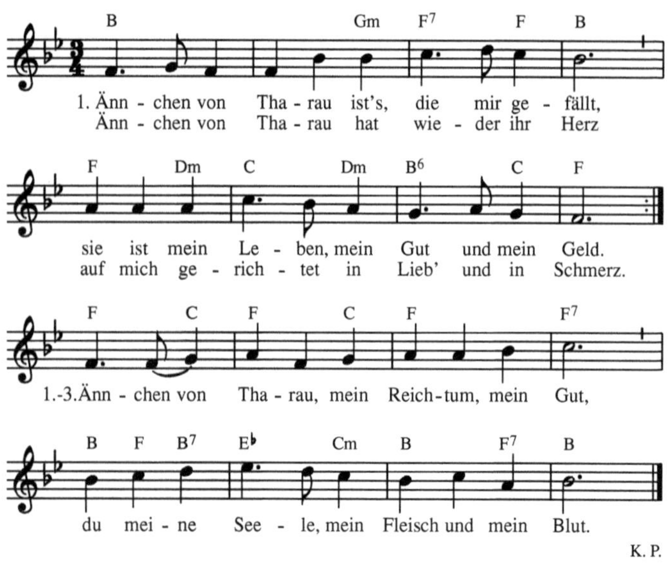

K. P.

2. Käm alles Wetter gleich auf uns heran,
wir sind gesinnt, beieinander zu stahn.
Krankheit, Verfolgung, Betrübnis und Pein
soll unsrer Liebe Zusammenschluss sein.
Ännchen von Tharau, mein Licht, meine Sonn',
mein Leben schließ ich um deines herum.

3. So wie ein Palmenbaum über sich steigt,
hat ihn erst Regen und Sturmwind gebeugt,
so wird die Lieb' in uns mächtig und groß
nach manchem Leiden und traurigem Los.
Ännchen von Tharau, mein Reichtum, mein Gut,
du meine Seele, mein Fleisch und mein Blut.

Die ältesten Spuren dieses Textes führen in das Jahr 1637 zurück.
Damals dichtete der Rektor der Königsberger Domschule, Simon
Dach, für die Hochzeit eines Freundes mit Anna Neander, Pfarrers-

tochter aus Tharau, in samländischem Dialekt (der Sprache, die in
Ostpreußen zwischen Frischem und Kurischem Haff gesprochen
wurde): *Anke van Tharaw*. Johann Gottfried von Herder (1744–1803)
schuf eine hochdeutsche Fassung. Friedrich Silcher schrieb (1827)
die Melodie, mit der das Lied schnell volkstümlich wurde. Er gestaltete auch den Text an manchen Stellen um. Entgegen dieser Dar-
stellung wird das ursprüngliche Gedicht auch Heinrich Albert
(1604–1651) zugeschrieben. Jedenfalls soll es 1642 schon im Druck
erschienen sein.

Alle Vögel sind schon da

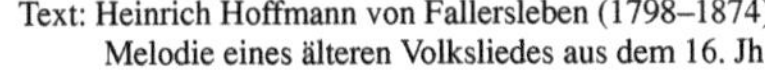

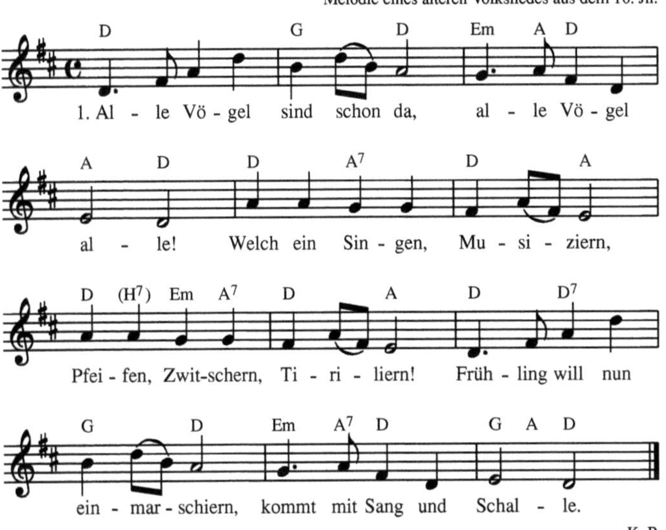

2. Wie sie alle lustig sind,
flink und froh sich regen!
Amsel, Drossel, Fink und Star
und die ganze Vogelschar
wünschen dir ein frohes Jahr,
lauter Heil und Segen.

3. Was sie uns verkünden nun,
nehmen wir zu Herzen:
Alle wolln wir lustig sein,
lustig wie die Vögelein
hier und dort, feldaus, feldein,
singen, springen, scherzen.

Ähnliche Weisen sind aus dem 16. Jahrhundert überliefert; eine davon sang man um 1690 auf den Text *Nun so reis' ich weg von hier*. 1835 dichtete Heinrich Hoffmann von Fallersleben den heute vor allem als Kinderlied bekannten Text.

Alleweil ka mer net lustig sei

2. Alle Tag', wo'n i di g'sehe han,
han i mei Freud' g'het an dir;
‖: wenn i en Tag lang di gar net sieh,
kommst mer no schöner du für. :‖

3. Äugele hot se in ihrem Kopf,
grad' wie von weitem zwei Stern';
‖: wie der Karfunkel im Ofe glitzt,
wie'n a Licht in der Latern'. :‖

Von diesem Lied gibt es verschiedene Fassungen, nicht nur mit (kleinen) melodischen Varianten, sondern unterschiedlich vor allem der metrischen Struktur nach: Es scheint ursprünglich im Dreivierteltakt gestanden und am Anfang drei dreitaktige Perioden aufgewiesen zu haben. Im Volksmund ist diese im deutschen Volkslied seltene Eigenart wohl abgeschliffen worden zu einer Version wie der unseren.

All' mein' Gedanken, die ich hab

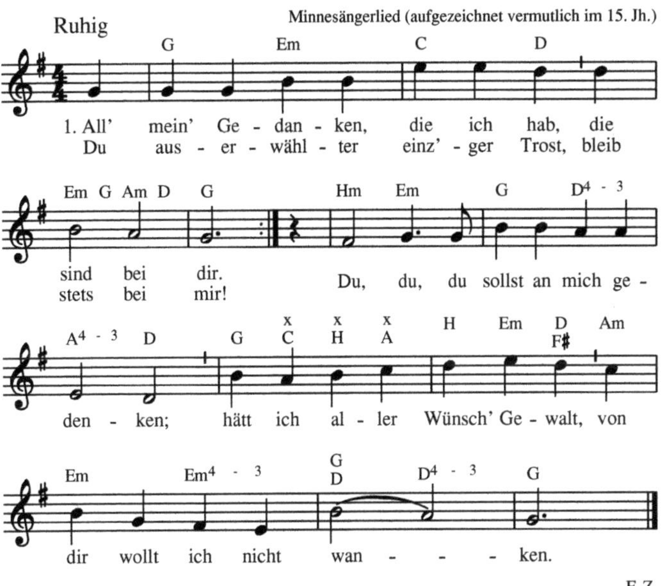

2. Du auserwählter, einz'ger Trost, gedenk daran:
mein' Leib und Gut, das sollt du ganz zu eigen han.
Dein, dein, dein will ich allzeit bleiben,
du gibst mir Freud und hohen Mut
und kannst mir Leid vertreiben.

Dieses Lied, eines der ältesten heute noch gern gesungenen Volkslieder, stammt aus der berühmten Sammlung *Lochamer Liederbuch*; sie wurde in Nürnberg um 1455–60 aus Texten und Melodien deutscher Minnesänger zusammengestellt und wahrscheinlich nach einem ihrer frühesten Besitzer Wolflein von Lochamer benannt.

Als wir jüngst in Regensburg waren

2. Und ein Mädel von zwölf Jahren
ist mit über den Strudel gefahren;
weil sie noch nicht lieben kunnt',
kam sie sicher übern Grund.

3. Und vom hohen Bergesschlosse
kam auf stolzem, schwarzem Rosse
adlig' Fräulein Kunigund',
wollt' mitfahrn übern Grund.

4. Schiffsmann, lieber Schiffsmann mein,
sollt's denn so gefährlich sein?
Schiffsmann, sag's mir ehrlich,
ist's denn so gefährlich?

5. Wem der Jungfernkranz geblieben,
landet froh und sicher drüben;
doch wer ihn hat verloren,
ist dem Tod erkoren.

6. Als sie auf die Mitt' gekommen,
kam ein großer Nix geschwommen,
riss das Fräulein Kunigund'
mit sich auf des Strudels Grund.

Die heutige Fassung dieses Liedes stammt aus Sammlungen von Studentenliedern aus der ersten Hälfte des 19. Jahrhunderts. Als Quellen kämen mehrere ältere »Schifferlieder« in Betracht, da der Refrain *Schwäbische, bayrische Dirndln …* schon ein Jahrhundert früher in Gedichten vorkommt. Er ist eine typische bayerische Polka.

Am Brunnen vor dem Tore
(Der Lindenbaum)

Text (1822): Wilhelm Müller (1794–1827)
Melodie (1827): Franz Schubert (1797–1828)
volksliedhafte Bearbeitung: Friedrich Silcher (1789–1860)

K. P.

2. Ich musst' auch heute wandern
vorbei in tiefer Nacht,
da hab ich noch im Dunkeln
die Augen zugemacht.
Und seine Zweige rauschten,
als riefen sie mir zu:
»Komm her zu mir, Geselle,
𝄆 hier find'st du deine Ruh!« 𝄇

3. Die kalten Winde bliesen
mir grad ins Angesicht,
der Hut flog mir vom Kopfe,
ich wendete mich nicht.
Nun bin ich manche Stunde
entfernt von jenem Ort,
und immer hör ich's rauschen:
𝄆 Du fändest Ruhe dort! 𝄇

Hier liegt das Musterbeispiel der Umformung eines Kunstliedes zum Volkslied vor. In Schuberts Komposition aus der *Winterreise* beginnt die 2. Strophe in Moll, die 3. weist zu Anfang eine ganz neue Melodie und eine dramatische Klavierbegleitung auf. Erst der zweite Teil der Strophe *Nun bin ich manche Stunde* kehrt zur Weise des Anfangs zurück. Das Volkslied verzichtet auf diese den Text im Einzelnen deutende »durchkomponierte« Form; alle drei Strophen werden auf die gleiche Melodie gesungen.

An der Saale hellem Strande

Text: Franz Theodor Kugler (1808–1858)
Melodie (1822): Friedrich Ernst Fesca (1789–1826)

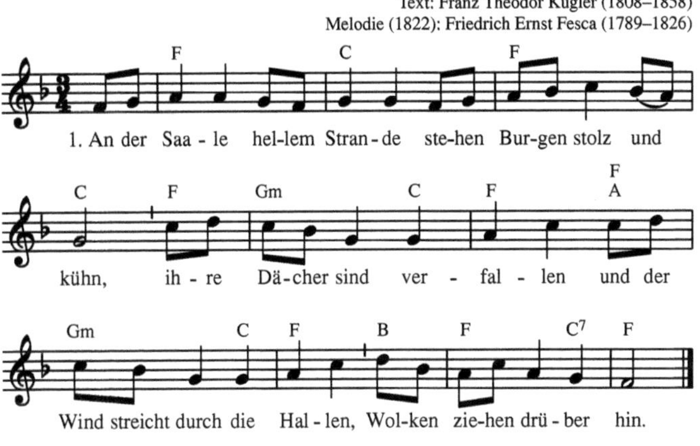

H. S.

2. Zwar die Ritter sind verschwunden,
nimmer klingen Speer und Schild;
doch dem Wandersmann erscheinen
in den altbemoosten Steinen
oft Gestalten zart und mild.

3. Droben winken schöne Augen,
freundlich lacht manch roter Mund,
Wandrer schaut wohl in die Ferne,
schaut in holder Augen Sterne,
Herz ist heiter und gesund.

4. Und der Wandrer zieht von dannen,
denn die Trennungsstunde ruft;
und er singet Abschiedslieder,
Lebewohl tönt ihm hernieder,
Tücher wehen in der Luft.

Anstelle eines früheren Textes (*Heut' scheid' ich*) unterlegte 1826 Franz Theodor Kugler sein heute bekanntes Gedicht der Melodie von Friedrich Ernst Fesca.

An einem Sommermorgen

Text: Theodor Fontane (1819–1898)
Melodie: vermutlich 19. Jh.

Im Wanderschritt

K. P.

2. Des Himmels heitre Bläue
lacht dir ins Herz hinein
und schließt wie Gottes Treue
mit seinem Dach dich ein.
Tralala …

3. Rings Blüten nur und Triebe
und Halm, vom Segen schwer.
Dir ist's, als zög die Liebe
des Weges nebenher.
Tralala …

Auf, auf, ihr Wandersleut

2. Ihr lieben Eltern mein,
ich will euch dankbar sein;
die ihr mir habt gegeben
von Gott ein langes Leben,
so gebet mir zu einer Speis'
den Segen auf die Reis'.

3. Wenn Tau vom Himmel fällt,
dann reis ich in die Welt.
Die Vöglein in den Höhen,
wenn sie vom Schlaf aufstehen,
da singen sie zu meiner Freud:
Auf, auf, ihr Wandersleut!

Auf, auf zum fröhlichen Jagen

2. Frühmorgens, als der Jäger
in'n grünen Walde kam,
da sah er mit Vergnügen
das schöne Wildbret an.
Die Gamslein Paar und Paare,
sie kommen von weit her,
die Rehe und das Hirschlein,
das schöne Wildbret schwer.
Tridihejo …

3. Das edle Jägerleben
vergnüget meine Brust,
dem Wilde nachzustreifen
ist meine höchste Lust.
Wir laden unsre Büchsen
mit Pulver und mit Blei;
wir führn das schönste Leben,
im Walde sein wir frei.
Tridihejo …

Diese Melodie, deren Ursprung unbekannt ist, die aber einige Sammlungen als »Volkslied aus Kärnten« bezeichnen, soll ursprünglich auf den 1724 entstandenen Text Gottfried Benjamin Hanckes (1673–1750) gesungen worden sein. Er wurde im Laufe der Zeit so »zersungen«, dass man ihn manchmal ebenfalls als »unbekannten kärntnerischen Ursprungs« angegeben findet.

Auf, du junger Wandersmann

2. An dem schönen Donaufluss
findet man ja seine Lust
und seine Freud auf grüner Heid',
wo die Vöglein lieblich singen
und die Hirschlein fröhlich springen;
dann kommt man vor eine Stadt,
wo man gute Arbeit hat.

3. Mancher hinterm Ofen sitzt
und gar fein die Ohren spitzt,
kein' Stund' fürs Haus ist 'kommen aus;
den soll man als G'sell erkennen
oder gar ein' Meister nennen,
der noch nirgends ist gewest,
nur gesessen in sein'm Nest?

4. Morgens, wenn der Tag angeht
und die Sonn am Himmel steht,
so herrlich rot wie Milch und Blut,
auf, ihr Brüder, lasst uns reisen,
unserm Herrgott Dank erweisen
für die fröhlich' Wanderzeit,
hier und in der Ewigkeit.

Bald gras ich am Neckar

2. Was hilft mir mein Grasen, wenn d' Sichel nit schneid't,
was hilft mir mein Schätzel, wenn's bei mir nicht bleibt.

3. Und soll ich dann grasen am Neckar, am Rhein,
so werf ich mein schönes Goldringlein hinein.

4. Es fließet im Neckar, es fließet im Rhein,
soll schwimmen hinunter ins tiefe Meer 'nein.

5. Und schwimmt es, das Ringlein, so frisst es ein Fisch,
das Fischlein soll kommen auf's Königs sein' Tisch.

6. Der König tät fragen, wem's Ringlein soll sein?
Da tät mein Schatz sagen: »Das Ringlein g'hört mein.«

7. Mein Schätzlein tät springen bergauf und bergein,
tät mir wied'rum bringen das Goldringlein fein.

8. »Kannst grasen am Neckar, kannst grasen am Rhein,
wirfst du mir nur immer dein Ringlein hinein!«

Der Text der beiden ersten Strophen dürfte aus dem 18. Jahrhundert stammen (allerdings mit dem Wortlaut: *Bald gras' ich am Acker, bald gras' ich am Rain*). Das Lied findet sich in der Sammlung *Des Knaben Wunderhorn*, 1808 von Clemens Brentano (1778–1842) und Achim von Arnim (1781–1831) herausgegeben. Gustav Mahler (1860–1911) bearbeitete es als *Rheinlegendchen* und fügte es in seinen *Wunderhorn*-Liederzyklus (1892–95) ein.

Begegnet mir mei Diandl

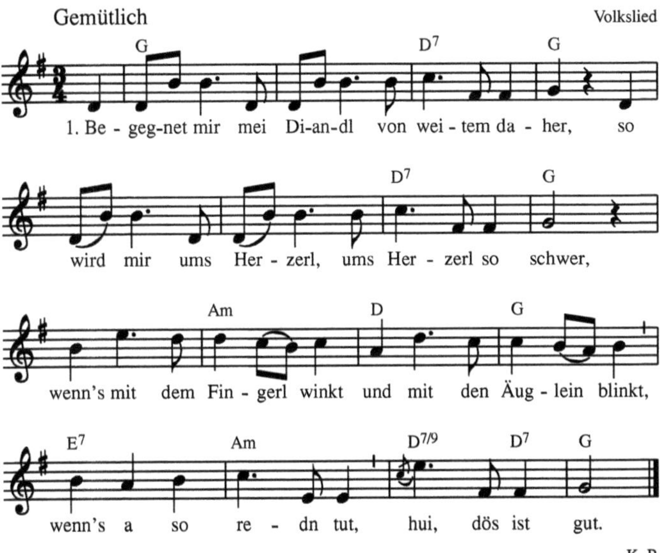

K. P.

2. Gib du, lieba Bua mei,
gib du nur fein acht,
es ist ja do draußen
stockfinstere Nacht,
steig nur frei für und für
a Busserl gib i dir;
wenn's a so reden tut,
hui, dös ist gut.

3. I hab's grad erst jüngst
meiner Mutt'r a mol g'sagt,
dass mi halt die Lieb' zu dir
gar a so plagt;
da fangt sie glei so an,
heirats nur g'schwind zusamm;
wenn's a so red'n tut,
hui, dös ist gut.

Die Textfassungen dieses Liedes weichen vielfach voneinander ab. Zumeist allerdings bestehen die Unterschiede nur in einer stärkeren oder weniger starken Tiroler Dialektfärbung. Im Anschluss an die hier verzeichnete Melodie können verschiedene Formen von Jodlern gesungen werden.

Bei einem Wirte wundermild
(Einkehr)

Text (um 1817/18): Ludwig Uhland (1787–1862)
Melodie: Xaver Schnyder von Wartensee (1786–1868)

K. P.

2. Es war der gute Apfelbaum,
bei dem ich eingekehret;
mit süßer Kost und frischem Schaum
hat er mich wohl genähret.

3. Es kamen in sein grünes Haus
viel leicht beschwingte Gäste,
sie sprangen frei und hielten Schmaus
und sangen auf das Beste.

4. Ich fand ein Bett zu süßer Ruh
auf weichen grünen Matten.
Der Wirt, der deckte selbst mich zu
mit seinem kühlen Schatten.

5. Nun fragt' ich nach der Schuldigkeit,
da schüttelt' er den Wipfel.
Gesegnet sei er allezeit
von der Wurzel bis zum Gipfel.

Xaver Schnyder von Wartensee war ein namhafter Schweizer Komponist; 1811 kam er auf einer Reise nach Wien in den Kreis Beethovens.

Bin ein fahrender Gesell

Text (1879): Rudolf Baumbach (1841–1905)
Melodie (1894): Volksweise

K. P.

2. Zieh ich in ein Städtchen ein,
spür ich's im Gehirne,
wo man trifft den besten Wein
und die schönste Dirne.
Spielmann lächelt wohlgemut,
streicht die Fiedel schneller,
und ich werf ihm in den Hut
meinen letzten Heller.

3. Meister Wirt, darfst heut nicht ruhn,
schlag heraus den Zapfen!
Back, Frau Wirtin, mir ein Huhn
und zum Nachtisch Krapfen!
Was ich heut nicht zahlen kann,
zahlen will ich's künftig,
darum schreib's mit Kreide an,
Wirt, und denk vernünftig!

Brüderlein fein

Text: Ferdinand Raimund (1790–1836)
Melodie (um 1826): Joseph Drechsler (1782–1852)

H. S.

2. Brüderlein fein, Brüderlein fein,
sag mir nur, was fällt dir ein?
Brüderlein fein, Brüderlein fein,
sag, was fällt dir ein?
Geld kann vieles auf der Welt,
Jugend kauft man nicht ums Geld.
Brüderlein fein, Brüderlein fein,
's muss geschieden sein.

3. Brüderlein fein, Brüderlein fein,
zärtlich muss geschieden sein!
Brüderlein fein, Brüderlein fein,
's muss geschieden sein!
Denk manchmal an mich zurück,
schimpf nicht auf der Jugend Glück!
Brüderlein fein, Brüderlein fein,
schlag zum Abschied ein!

Brüder, reicht die Hand zum Bunde

2. Preis und Dank dem Weltenmeister,
der die Herzen, der die Geister
für ein ewig' Wirken schuf!
Licht und Recht und Tugend schaffen
durch der Wahrheit heil'ge Waffen
‖: sei uns heiliger Beruf. :‖

3. Ihr auf diesem Stern die Besten,
Brüder all' in Ost und Westen,
wie im Süden und im Nord':
Wahrheit suchen, Tugend üben,
Gott und Menschen herzlich lieben,
‖: das sei unser Losungswort. :‖

Am 18. November 1791 erhob sich Mozart von seinem Krankenlager
und ging zum letzten Mal aus dem Hause. Er leitete eine musikalische Feier der Freimaurer-Loge »Neu gekrönte Hoffnung«, für die
er eine kleine Kantate komponiert hatte. Darin scheint, vielleicht
mit dem Text *Lasst uns mit geschlungnen Händen*, das vorstehen-

de Lied enthalten gewesen zu sein, das nur als Skizze vorhanden, aber in Mozarts Werkverzeichnis als letzte Eintragung aufgeführt ist. Es kam bald nach seinem Tode, wahrscheinlich mit den heute gesungenen Worten, wieder in Gebrauch und wurde in den zwanziger Jahren des 19. Jahrhunderts zum offiziellen Lied der Freimaurer, später sogar zum Volksgut. Die Melodie, versehen mit einem anderen Text (der Dichterin Paula von Preradović), ist seit 1945 die österreichische Bundeshymne.

Buama, heint geht's lustig zua

H. S.

2. Überall hörst Sang und Klang,
holla, holla, duliö,
manch'n wird's ganz angst und bang',
holla, holla, duliö.
Böllerschüss' hörst überall,
holla, holla, duliö,
Kir'tag ist im Jahr amal,
holla, duliö.

Und drunt' beim Ochsenwirt
hollala, duliö,
gibt's Kraut und Leberwurscht,
hollala, duliö,
Bier und Wein a dazua,
holla, duliö,
von allem gibt's heut gnua,
holla, duliö.

Bunt sind schon die Wälder

Text (1782): Johann Gaudenz von Salis-Seewis (1762–1834)
Melodie: Johann Friedrich Reichardt (1752–1814), im Volksmund »zersungen«

H. S.

2. Flinke Träger springen
und die Mädchen singen,
alles jubelt froh!
Bunte Bänder schweben
zwischen hohen Reben
auf dem Hut von Stroh.

3. Geige tönt und Flöte
bei der Abendröte
und im Mondesglanz;
junge Winzerinnen
winken und beginnen
frohen Erntetanz.

Da drunten im Tale

2. Sprichst all'weil von Lieb',
sprichst all'weil von Treu',
und a bissele Falschheit
is au wohl dabei!

3. Und wenn i dir's zehnmal sag,
dass i di lieb',
und du willst nit verstehen,
muss i halt weiter gehn.

4. Für die Zeit, wo du g'liebt mi hast,
dank' i dir schön,
und i wünsch', dass dir's anderswo
besser mag gehn.

Vielleicht handelt es sich hier ursprünglich um ein schwäbisches oder fränkisches Volkslied aus dem frühen 19. oder höchstens der Mitte des 18. Jahrhunderts. Zum ersten Mal herausgegeben wurde es durch Anton Wilhelm Florentin von Zuccalmaglio (1803–1869), dem die Erhaltung vieler älterer Weisen zu danken ist, bei dem aber nie zwischen Volksliedern und eigenen Schöpfungen unterschieden wird. Um die Zeit von Zuccalmaglios Volksliedausgaben hatte Johannes Brahms eine Schülerin, Maria Fellinger, die für ein Konzert ein schwäbisches Volkslied brauchte und für die Brahms das bei Zuccalmaglio gefundene *Da unten im Tale* bearbeitete. Er fügte es seinen Volksliedausgaben unter dem Titel *Trennung* in Opus 97 aus dem Jahre 1886 ein. (Es gibt unter dem gleichen Namen noch ein zweites Lied von Brahms, das aber viel weniger bekannt, geschweige denn volkstümlich wurde.) Am wahrscheinlichsten ist, dass *Da unten im Tale* aus drei Quellen zusammengeflossen ist: einer ursprünglichen (deren Dichter und Komponist längst vergessen sind), Zuccalmaglio und Brahms. Im Volksmund wird meist die Textfassung *Da drunten im Tale* (statt »Da unten …«) vorgezogen.

Das Lieben bringt groß' Freud

2. Ein Brieflein schrieb sie mir,
ich soll treu bleiben ihr;
drauf schickt' ich ihr ein Sträußelein
von Rosmarin und Nägelein,
sie soll, sie soll,
sie soll mein Eigen sein.

3. Mein Eigen soll sie sein,
kei'm andern mehr als mein.
So leben wir in Freud und Leid,
bis dass der Tod uns beide scheid't.
Ade, ade,
ade, mein Schatz, o weh!

Text und Weise dieses Liedes dürften aus dem 18., vielleicht schon aus dem 17. Jahrhundert stammen. Im Jahre 1827 gab der deutsche Volksliedsammler und -komponist Friedrich Silcher auch dieses Lied, vermutlich neu gefasst, heraus. Ob es erst seit damals als »schwäbisches Volkslied« gilt oder schon vorher in dieser Region beheimatet war, ist ungewiss. Es gibt heute noch abweichende Fassungen, teils in hochdeutscher Sprache, teils in schwäbischer Mundart.

Das Wandern ist des Müllers Lust

Text: Wilhelm Müller (1794–1827)
Melodie (1844): Karl Friedrich Zöllner (1800–1860)

H. S.

2. ‖: Vom Wasser haben wir's gelernt, :‖
vom Wasser!
Das hat nicht Ruh bei Tag und Nacht,
‖: ist stets auf Wanderschaft bedacht, :‖
das Wasser, Wasser,
‖: das Wasser, :‖
das Wasser, das Wasser, das Wasser.

3. ‖: Das sehn wir auch den Rädern ab, :‖
den Rädern,
die gar nicht gerne stille stehn,
‖: die sich bei Tag nicht müde drehn, :‖
die Räder, Räder,
‖: die Räder, :‖
die Räder, die Räder, die Räder.

4. ‖: Die Steine selbst, so schwer sie sind, :‖
die Steine,
sie tanzen mit den muntern Reihn
‖: und wollen gar noch schneller sein, :‖
die Steine, Steine,
‖: die Steine :‖
die Steine, die Steine, die Steine.

5. ‖: O Wandern, Wandern meine Lust, :‖
o Wandern!
Herr Meister und Frau Meisterin,
‖: lasst mich in Frieden weiter ziehn :‖
und wandern, wandern,
‖: und wandern :‖
und wandern, und wandern, und wandern.

Der Text dieses Liedes stammt von Wilhelm Müller, dem »Griechen-Müller« (wegen seiner Begeisterung für den Freiheitskampf dieses Volkes), der seinen verdienten Nachruhm vor allem den Vertonungen Franz Schuberts verdankt. Die beiden Männer, die einander weder kennen lernten noch in Briefwechsel standen, schufen vor allem mit den Zyklen *Die schöne Müllerin* und *Winterreise* unvergängliche Werke. Im ersteren findet sich auch das Lied vom Wandern. Volkslied wurde jedoch nicht die Weise Schuberts, sondern die hier aufgenommene Melodie des seinerzeit hoch angesehenen deutschen Chordirigenten und -komponisten Karl Friedrich Zöllner.

Dat du min Leevsten büst

[1]   auch: »segg, wo du heeßt!«
(Sag, wie du heißt!)

2. Kum du üm Middernacht,
kumm du Klock een!
‖: Vader slöpt, Moder slöpt,
ick slaap alleen. :‖

3. Klopp an de Kammerdör,
fat an de Klink!
‖: Vader meent, Moder meent,
dat deit de Wind. :‖

4. Kümmt denn de Morgenstund,
krieht de ol' Hahn.
‖: Leevster min, Leevster min,
denn mösst du gahn! :‖

5. Sachen den Gang henlank,
leis' mit de Klink!
‖: Vater meent, Moder meent,
dat deit de Wind. :‖

Übertragung ins Hochdeutsche:

1. Dass du mein Liebster bist,
das weißt du wohl.
‖: Komm in der Nacht, komm in der Nacht,
sag mir was Lieb's! :‖

2. Komm du um Mitternacht,
komm um Schlag eins,
‖: Vater schläft, Mutter schläft,
ich schlaf allein! :‖

3. Klopf an die Kammertür,
fass an die Klink',
||: Vater meint, Mutter meint,
das sei der Wind! :||

4. Kommt dann die Morgenstund
und kräht der Hahn,
||: Liebster mein, Liebster mein,
dann musst du gehn! :||

5. Sachte den Gang entlang,
leis mit der Klink',
||: Vater meint, Mutter meint,
das sei der Wind! :||

Die Melodie dieses Liedes wurde anscheinend schon um 1780 zu einem Volkslied auf den Text *Lasst uns, ihr Brüder!* gesungen. Um 1845 wurde sie dann mit dem obigen Text zu einem schleswig-holsteinischen und dann allgemein norddeutschen Volkslied.

Der Mai, der Mai

2. Der Mai, der Mai, der lustige Mai
erfreuet jedes Herze.
Ich spring in den Reih'n und freue mich dabei
und sing und spring und scherze.
Tralala, tralalalalala,
und sing und spring und scherze.

Text und Melodie – beide von unbekannten Autoren – sind seit den
vierziger Jahren des 19. Jahrhunderts im Siebengebirge nachweisbar.

Der Mai ist gekommen

Text: Emanuel Geibel (1815–1884)
Melodie: Justus Wilhelm Lyra (1822–1882)

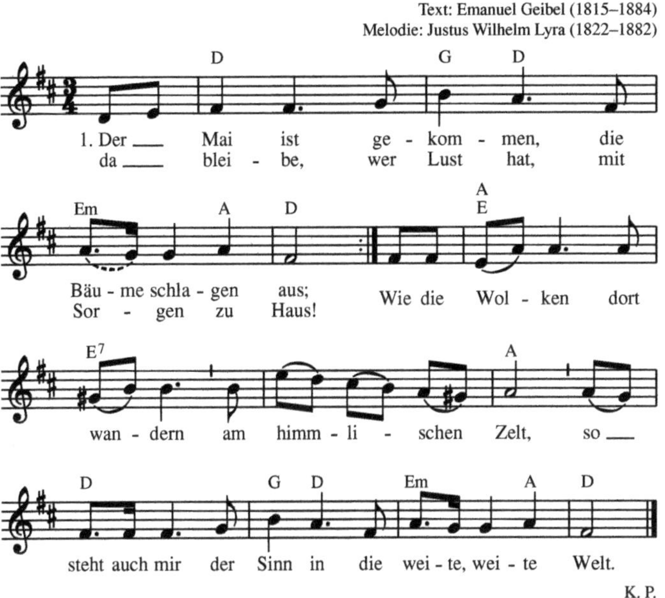

2. Herr Vater, Frau Mutter, dass Gott euch behüt!
Wer weiß, wo in der Ferne mein Glück mir noch blüht!
Es gibt so manche Straße, die nimmer ich marschiert,
es gibt so manchen Wein, den ich nimmer noch probiert.

3. Frisch auf drum, frisch auf drum im hellen Sonnenstrahl,
wohl über die Berge, wohl durch das tiefe Tal!
Die Quellen erklingen, die Bäume rauschen all',
mein Herz ist wie 'ne Lerche und stimmet ein mit Schall.

4. Und abends im Städtchen, da kehr ich durstig ein:
»Herr Wirt, mein Herr Wirt, eine Kanne blanken Wein!
Ergreife die Fiedel, du lust'ger Spielmann du!
Von meinem Schatz das Liedel, das sing ich dazu.«

5. Und find ich keine Herberg', so lieg ich zur Nacht
wohl unter blauem Himmel, die Sterne halten Wacht;
im Winde die Linde, die rauscht mich ein gemach,
es küsset in der Frühe das Morgenrot mich wach.

6. O Wandern, o Wandern, du freie Burschenlust,
da wehet Gottes Odem so frisch in die Brust;
da singet und jauchzet das Herz zum Himmelszelt:
wie bist du doch so schön, o du weite, weite Welt!

Der Dichter Emanuel Geibel, Predigerssohn aus Lübeck, schrieb
1842 diese Verse; sein Freund, der Osnabrücker Pfarrer und Musiker
Justus Wilhelm Lyra, vertonte sie, vermutlich ein Jahr später. Sie
wurden mit anderen Liedern, die Lyra im Studentenbuch *Deutsche
Lieder nebst ihren Melodien* 1843 herausgab, schnell volkstümlich.
Lyra aber wurde im Alter zum versponnenen Mystiker, der sich seiner Jugendweisen nicht mehr entsann. In Osnabrück errichtete man
ihm einen Gedenkstein, an dem sich alljährlich in der Nacht vom
30. April auf den 1. Mai die Gesangsvereine und Musikliebhaber
einfinden, um mit diesem Lied »den Mai einzusingen«.

Der Mond ist aufgegangen

Text: Matthias Claudius (1740–1815)
Melodie: Johann Abraham Peter Schulz (1747–1800)

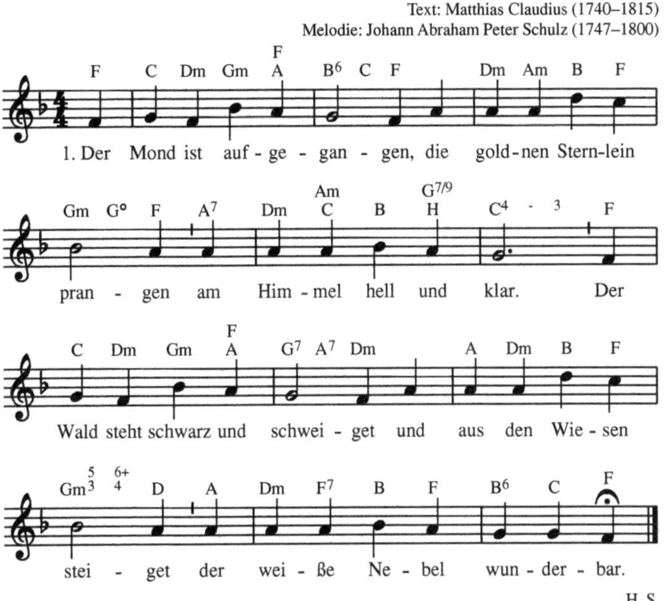

H. S.

2. Wie ist die Welt so stille
und in der Dämm'rung Hülle
so traulich und so hold,
als eine stille Kammer,
wo ihr des Tages Jammer
verschlafen und vergessen sollt!

3. Seht ihr den Mond dort stehen?
Er ist nur halb zu sehen
und ist doch rund und schön.
So sind wohl manche Sachen,
die wir getrost belachen,
weil unsre Augen sie nicht sehn.

4. So legt euch denn, ihr Brüder,
in Gottes Namen nieder!
Kalt ist der Abendhauch.
Verschon uns, Gott, mit Strafen
und lass uns ruhig schlafen
und unsern kranken Nachbarn auch.

Matthias Claudius, der »Wandsbeker Bote« und bedeutende Dichter, schrieb den Text als Abendlied im Jahre 1778. Er erschien im *Vossischen Musenalmanach* für 1779. Der seinerzeit namhafte Komponist

Johann Abraham Peter Schulz (1747 in Lüneburg geboren, 1800 in
Schwedt gestorben) vertonte den Text im Jahre 1790. Mit den hier
abgedruckten vier (von ursprünglich sieben) Strophen ist das Lied
in unserer Zeit zum meistgesungenen deutschen Volkslied geworden, wie Statistiken zeigen.

Der Winter ist ein rechter Mann

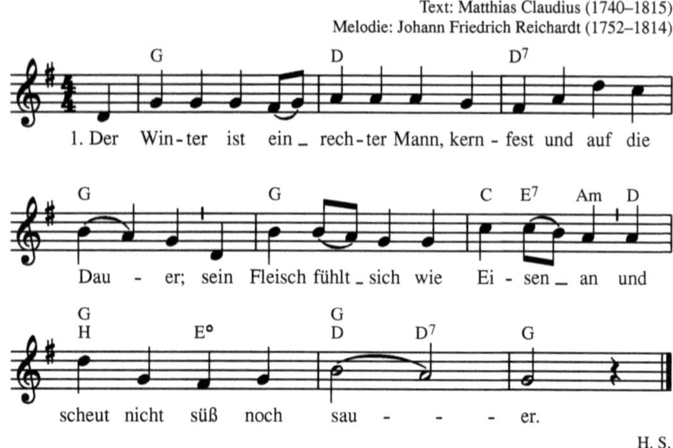

Text: Matthias Claudius (1740–1815)
Melodie: Johann Friedrich Reichardt (1752–1814)

H. S.

2. Aus Blumen und aus Vogelsang
weiß er sich nichts zu machen,
hasst warmen Trank und warmen Klang
und alle warmen Sachen.

       3. Wenn Stein und Bein von Frost zerbricht
       und Teich und Seen krachen,
       das klingt ihm gut, das hasst er nicht,
       dann will er tot sich lachen.

4. Sein Schloss von Eis liegt ganz hinaus
beim Nordpol an dem Strande,
doch hat er auch ein Sommerhaus
im lieben Schweizerlande.

       5. Da ist er denn bald dort, bald hier,
       gut' Regiment zu führen,
       und wenn er durchzieht, stehen wir
       und sehn ihn an und frieren.

Der Winter ist vergangen

2. Ich geh, ein' Mai zu hauen,
hin durch das grüne Gras,
schenk meinem Buhl' die Treue,
die mir die Liebste was,
und bitt, dass sie mag kommen,
all' vor dem Fenster stahn,
empfang'n den Mai mit Blumen,
er ist gar wohlgetan.

Die erste Strophe des Textes findet sich in niederländischen Hand-
schriften des 15. und 16. Jahrhunderts; die erste deutsche Veröffent-
lichung dürfte in einer Weimarer Publikation von 1537 erfolgt sein.
Die Melodie steht im Lautenbuch des Johann F. Thysius von 1600.
Sie weist eine gewisse Ähnlichkeit mit dem älteren holländischen
Nationallied *Wilhelmus von Nassaue* auf.

Des Abends, da kann ich nicht schlafen gehn

2. Wenn alle Sterne Schreiber wär'n
und alle Wolken Papier dazu,
so sollten sie schreiben der Liebsten mein,
sie brächten die Lieb' in den Brief nicht ein,
ganz heimelich.

3. Ach hätt ich die Schwingen vom Auerhahn[1],
und könnt ich schwimmen wie ein Schwan,
so wollte ich schwimmen wohl über den Rhein,
hin zu der Herzallerliebsten mein,
ganz heimelich.

4. »Wer ist denn da, wer klopfet an,
der mich so leis aufwecken kann?«
»Das ist der Herzallerliebste dein,
steh auf, mein Schatz, und lass mich ein,
ganz heimelich.«

[1] auch: »Federn wie ein Hahn«

Die Gedanken sind frei

2. Ich denke, was ich will
und was mich beglücket,
doch alles in der Still'
und wie es sich schicket.
Mein Wunsch und Begehren
kann niemand verwehren,
es bleibet dabei:
Die Gedanken sind frei!

3. Und sperrt man mich ein
in finsteren Kerker,
das alles sind rein
vergebliche Werke;
denn meine Gedanken
zerreißen die Schranken
und Mauern entzwei:
Die Gedanken sind frei!

4. Drum will ich auf immer
den Sorgen entsagen,
und will mich auch nimmer
mit Grillen mehr plagen.
Man kann ja im Herzen
stets lachen und scherzen
und denken dabei:
Die Gedanken sind frei!

Der in vielerlei Fassungen auf Flugblättern im süddeutschen Raum
während der letzten Jahrzehnte des 18. Jahrhunderts verbreitete Text
weist deutlich auf die politisch unruhigen Zeiten zu Ende des Absolu-
tismus und der aufkommenden Freiheitsbewegungen in Europa hin.
Der Liedanfang greift einen in der Literatur weit verbreiteten Grund-
gedanken auf: Walther von der Vogelweide singt um 1200 *Sind doch
Gedanken frei*, und Johannes Agricola führt in seinen Sprichwörtern
von 1534 an: *Gedanken sind frei*. Die Melodie ist ganz anderer Herkunft: Ursprünglich wohl eine bäuerliche Tanzweise, erscheint sie
gegen 1815, mit dem obigen Text vereint, in den schweizerischen
Liedern der Brienzer Mädchen.

Die güldene Sonne bringt Leben und Wonne

Text: Philipp von Zesen (1619–1689)
Melodie: Johann Georg Ahle (1651–1706)

H. S.

2. Nun sollen wir loben
den Höchsten dort oben,
dass er uns die Nacht
hat wollen behüten
vor Schrecken und Wüten
der höllischen Macht.

3. Kommt, lasset uns singen,
die Stimmen erschwingen,
zu danken dem Herrn.
Ei, bittet und flehet,
dass er uns beistehe
und weiche nicht fern.

4. Es sei ihm ergeben
mein Leben und Streben,
mein Gehen und Stehn.
Er gebe mir Gaben
zu meinem Vorhaben,
lass' richtig mich gehn.

5. In meinem Studieren
wird er mich wohl führen
und bleiben bei mir,
wird schärfen die Sinnen
zu meinem Beginnen
und öffnen die Tür.

Der Schöpfer der volkstümlich gewordenen Melodie, Johann Georg Ahle aus Mühlhausen an der Unstrut, war gleich seinem Vater Rudolph ein namhafter Organist, Chorleiter und Komponist, und wurde von Kaiser Leopold I. als »Poeta laureatus« ausgezeichnet.

Die Sonne scheint nicht mehr

K. P.

2. Mein Herz ist nicht mehr mein,
o könnt ich bei dir sein,
so wäre mir geholfen
von aller meiner Pein.
Das Feuer …

Die ersten Aufzeichnungen des Liedes scheinen nicht vor 1820 entstanden zu sein. Vieles aber deutet auf einen viel älteren Ursprung hin, so auch die melodisch wie rhythmisch prägnante Zweiteilung, in der sich noch die als Einzelpaar-Tanz und Reigen bis ins Mittelalter zurückreichende Verbindung von langsamem Vor- und schnellem Nachtanz widerspiegelt. Johannes Brahms bearbeitete das Lied und nahm es in seine Volksliedersammlung auf, ohne seine Quelle anzugeben. Von ihm übernehmen wir die Vortragsbezeichnungen.

Dort jenes Brünnlein

2. Küsst sie mich heute,
froh bin ich, Leute,
sieben Tag', sieben Tag'.
Doch wenn sie schmollet,
kusslos mir grollet,
bleibt mir die Klag', nur die Klag'.

3. Rot scheint die Sonne
uns alle Tage
jede Stund, jede Stund;
doch noch viel röter
als Ros' und Nelken
ist ihr Mund, Liebchens Mund.

Drunten im Unterland

2. Drunten im Neckartal,
da ist's halt gut.
Ist mer's da oben 'rum
manchmal au' no' so dumm,
han i doch alleweil
drunten gut's Blut.

3. Kalt ist's im Oberland,
unten ist's warm.
Oben sind d' Leut so reich,
d'Herzen sind gar net weich,
sehn mi net freundlich an,
werden net warm.

4. Aber da unten 'rum,
da sind d'Leut arm,
aber so froh und frei
und in der Liebe treu;
drum sind im Unterland
d'Herzen so warm.

Zu Beginn des 19. Jahrhunderts sang man in Schwaben ein Lied *Draußen im Schwabenland wächst a schön's Holz.* Ernst Maier nahm es 1855 in seine in Berlin erschienenen *Schwäbischen Volkslieder* auf. Doch schon 1836 hatte Friedrich Silcher, der große Volkslied-kenner, -sammler und -schöpfer, den ihm bekannten Tübinger Seminaristen Gottfried Weile aufgefordert, dieser Melodie einen neuen Text zu unterlegen. Es wurde der heute allgemein Gesungene: *Drunten im Unterland.* Weile starb 1855 als Missionar in Indien.

Du, du dalketer Jagersbua

¹ dummer, ungeschickter

2. Du, du dalketer Müllersbua,
i, i werd dir's auszahl'n!
I, i sauf dir dei Wasserl ab,
dass du nimmer kannst mahl'n!

3. Du, du dalketer Schreibersbua,
i, i werd dir's auszahl'n!
I, i sauf dir dei Tinten aus,
dass du nimmer kannst schreib'n!

Du, du liegst mir im Herzen

Volkslied, vermutlich aus Norddeutschland
(Anfang des 19. Jh.)

2. So, so wie ich dich liebe,
so, so liebe auch mich!
Die, die zärtlichsten Triebe
fühl ich allein nur für dich,
ja, ja, ja, ja, fühl ich allein nur für dich!

3. Doch, doch darf ich dir trauen,
dir, dir mit leichtem Sinn?
Du, du darfst auf mich bauen,
weißt ja, wie gut ich dir bin!

4. Und, und wenn in der Ferne
dir, dir mein Bild erscheint,
dann, dann wünscht' ich so gerne,
dass uns die Liebe vereint!

Du fragsch mi, wär i by

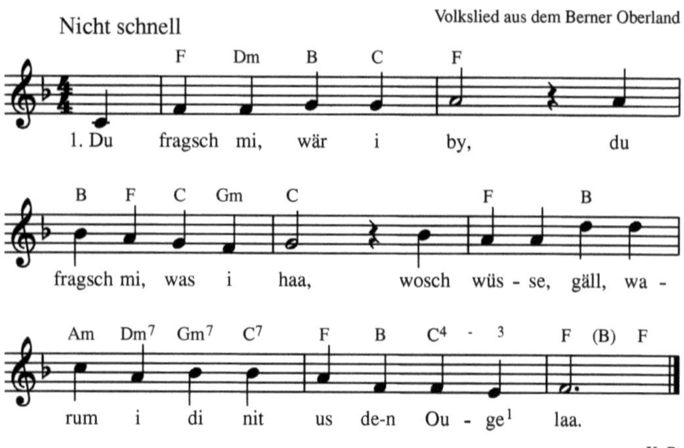

[1] den Augen

2. I weiß nid, wär i by,
i weiß nid, was ich chaa,
weiß nu me, s' ziet mi zue der hi,
i cha nid vo der laa[2].

[2] von dir lassen

Vorschlag einer sangbaren Übertragung ins Hochdeutsche

1. Du fragst mich, wer bin ich,
du fragst mich, was ich hab,
willst wissen, gelt, warum ich mich
an deinen Augen lab.

2. Ich weiß nicht, wer ich bin,
ich weiß nicht, was ich kann,
weiß nur, es zieht mich zu dir hin,
weil ich dich lieb gewann. (K. P.)

Durchs Wiesental gang i jetzt na

* Schlüsselblumen (schwäbisch, von lat. betonicula)
** auch mit f abschließend

2. Und wenn i's verlore doch hab,
warum liegt's denn net drunte im Grab?
Tät zum Grab ja mit Klage
schön's Sträußele 'naus trage
aus lauter Batenke und Klee,
i han jo koi Schätzele meh!

3. Ach, 's lebt ja und ist mir net treu,
i weiß, jetzt ist alles vorbei!
Und die Rose und die Nelke
müssen traurig all' verwelke,
verwelke Batenke und Klee,
i han jo koi Schätzele meh!

In den frühesten Fassungen scheint der Anfang dieses Liedes gelautet zu haben: *Jetzt gang i durchs Wiesetal na.*

Ei, Büble, wennst mi so gern häst

2. Du bist halt so stolz auf dein Größ',
– verstehst? –
da ist mir nit g'holfa damit.
Wennst allweil die Schulden nit häst,
– verstehst? –
so häst vor den Leuten den Fried'.
Ins Wirtshaus tust laufen,
das Geld tust versaufen.
I tät dir sonst all's auf der Welt,
i hätt dir dein Röckl ausg'löst,
– verstehst? –
und zahlet dem Schneider das Geld.

3. Bin endlich von dir nun erlöst,
– verstehst? –
um dich ist's ja ewig nit schad'!
Mein Herz ist schon wieder getröst',
– verstehst? –
weil i schon ein andern Bua hab.
Solch blitzdumme Sachen,
die därf er nit machen,
Geld hat er ja allweil grad gnua;
er hat auch dein nämliche Größ',
– verstehst? –
und er ist ein herzlieber Bua.

Ein freies Leben führen wir

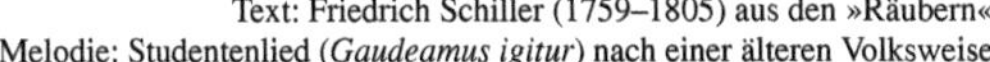

2. ‖: Heut kehren wir bei Pfaffen ein,
bei reichen Pächtern morgen, :‖
da gibt's Dukaten, Wein und Bier,
was drüber ist, da lassen wir
‖: den lieben Herrgott sorgen. :‖

3. ‖: Und haben wir im Traubensaft
die Gurgel ausgebadet, :‖
so machen wir uns Mut und Kraft
und mit dem Teufel Brüderschaft,
‖: der in der Hölle bratet. :‖

Die Wiederholung wird nicht immer gemacht.

Text des Studentenliedes (auf die gleiche Melodie, doch ohne Auftakte zu singen):

‖: Gaudeamus igitur, juvenes dum sumus, :‖
post jucundum juventutem,
post molestam senectutem
‖: nos habebit humus. :‖

Als Schillers Drama *Die Räuber* 1781 Aufsehen und tiefe Erregung in deutschen Landen auslöste, sang die Studentenschaft ein Lied mit lateinischem Text: *Gaudeamus igitur* (dessen erste Strophe wir S. 64 unten abdrucken). Wann es auffiel, dass Schillers »Räuberlied« – mit kleinen Anpassungen und um einiges gekürzt – zur selben Melodie gesungen werden konnte, ist ungewiss. Es ist auch denkbar, dass schon in einer sehr frühen Aufführung der *Räuber* diese Verse der Räuberbande aus den Böhmischen Wäldern zur Melodie des *Gaudeamus igitur* von der Bühne herab gesungen wurden. Und so erhielt die wahrscheinlich alte Volksweise – sie scheint schon 1740 nachweisbar zu sein – eine neue Volkstümlichkeit mit anfänglich starkem sozialem Einschlag.

Ein Jäger aus Kurpfalz

¹ auch »Halli, hallo«

2. Auf, sattelt mir mein Pferd
und legt darauf den Mantelsack,
so reit ich hin und her
als Jäger aus Kurpfalz.
Juja, juja! Gar lustig …

3. Jetzt geh ich nicht mehr heim,
bis dass der Kuckuck »Kuckuck« schreit;
er schreit die ganze Nacht
allhier auf grüner Heid'.
Juja, juja! Gar lustig …

Es ist schwer zu sagen, was bei diesem bekannten Lied älter ist, der Text oder die Melodie. Die Verse erschienen schon 1763 auf Flugblättern in Deutschland, danach immer wieder. Die Weise wurde – vielleicht zum ersten Mal – abgedruckt im *Musenalmanach für das Jahr 1808*, herausgegeben 1807 in Regensburg durch Leo von Seckendorf; sie soll aus Württemberg stammen, der Text wohl aus Kurpfalz, wie es im Lied heißt.

Ein Jäger längs dem Weiher ging

2. Ein Häschen spielt' im Mondenschein,
lauf, Jäger, lauf,
ihm leucht'ten froh die Äugelein.
Lauf, Jäger, lauf ...

3. »Was raschelt in dem Grase dort?
Was flüstert leise fort und fort?«

4. »Das muss fürwahr ein Kobold sein,
hat Augen wie Karfunkelstein!«

5. Der Jäger lief zum Wald hinaus,
verkroch sich flink im Jägerhaus.

6. Das Häschen spielt' im Mondenschein,
ihm leucht'ten froh die Äugelein.

Auf diese Melodie wurde
ursprünglich auch das Lied
*Ich bin der Doktor Eisen-
bart* gesungen.

Erlaube mir, fein's Mädchen

2. O Mädchen, o Mädchen, du einsames Kind,
wer hat den Gedanken ins Herz dir gezinnt,
da ich soll den Garten, die Rosen nicht sehn?
Du gefällst meinen Augen, das muss ich gestehn.

Dieses Lied findet sich in der Volksliedsammlung von Johannes Brahms. Von ihr übernimmt die Akkordbezifferung einige wenige harmonische Details.

Es Burebüebli mah-n-i nit

[1] Bauernbub
[2] mag ich nicht
[3] sieht man mir ja an

2. 's muess eine si[4] gar hübsch u fin,
darf keini Fähler[5] ha, juhe!
Fidiri, fidira, fidirallala –
darf keini Fähler ha.

3. Und Herebüebli[6] git's ja nit,
wo keini Fähler hei, juhe!
Fidiri, fidira, fidirallala –
wo keini Fähler hei.

4. Drum blibe-n-i ledig bis in den Tod,
so het die Lieb' es Änd'[7], juhe!
Fidiri, fidira, fidirallala –
so het die Lieb' es Änd'.

[4] sein
[5] Fehler
[6] »Herrenbub«, Junge aus höheren Kreisen
[7] Ende

Es dunkelt schon in der Heide

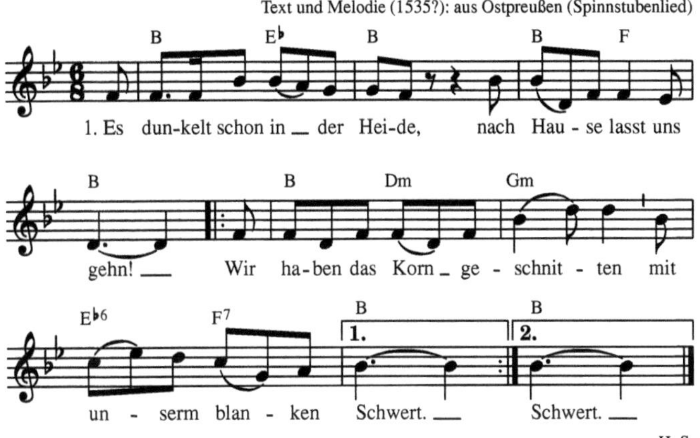

2. Ich hörte die Sichel rauschen,
sie rauschte durch das Korn.
Ich hört' mein Feinslieb klagen,
sie hätt ihr Lieb verlorn.

3. Hast du dein Lieb verloren,
so hab ich doch das mein'.
So wollen wir beide mit'nander
uns winden ein Kränzelein.

4. Ein Kränzelein von Rosen,
ein Sträußelein von Klee.
Zu Frankfurt auf der Brücke,
da liegt ein tiefer Schnee.

5. Der Schnee, der ist geschmolzen,
das Wasser läuft dahin.
Kommst mir aus meinen Augen,
kommst mir aus meinem Sinn.

6. In meines Vaters Garten,
da stehn zwei Bäumelein;
das eine, das trägt Muskaten,
das andere Braunnägelein.

7. Muskaten, die sind süße,
Braunnägelein, die sind schön;
wir beide müssen uns scheiden,
ja scheiden, das tut weh.

Ähnliche Texte sind mit ganz verschiedenen Melodien überliefert (zumeist: *Es dunkelt in dem Walde*). Vielleicht wären die Ursprünge dieses Liedes schon im 16. Jahrhundert zu suchen. Wir bringen den heute gebräuchlichen Text mit jener Melodie, die als am verbreitetsten gelten kann.

Es, es, es und es

2. Er, er, er und er,
Herr Meister, leb er wohl!
Ich sag's ihm grad frei ins Gesicht,
seine Arbeit, die gefällt mir nicht.
Ich will mein Glück probieren …

3. Sie, sie, sie und sie,
Frau Meist'rin, leb sie wohl!
Ich sag's ihr grad frei ins Gesicht,
ihr Speck und Kraut, das schmeckt mir nicht.

4. Ihr, ihr, ihr und ihr,
ihr Jungfern, lebet wohl!
Ich wünsche euch zu guter Letzt,
einen andern, der mein' Stell' ersetzt.

5. Ihr, ihr, ihr und ihr,
ihr Brüder, lebet wohl!
Hab ich euch was zuleid getan,
so bitt ich um Verzeihung an.

Dass es sich hier um ein Lied fahrender Handwerksburschen handelt, geht aus dem Text hervor. Er besang allerdings um 1760 Wien, nicht Frankfurt. Das Lied steht unter dem Titel *Abschied von Wien* auf Fliegenden Blättern jener Zeit. Wann die Weise erstmals auftrat, ist unklar. Ludwig Erk, einer der »Klassiker« unter den Volksliedsammlern, hörte sie, seinen Angaben gemäß, in Frankfurt, aber auch in Bayern, Cleve und Brandenburg; er publizierte sie – vielleicht als erster – 1838.

Es fiel ein Reif in der Frühlingsnacht

2. ‖: Ein Knabe hatte ein Mägdlein lieb. :‖
Sie flohen gar heimlich von Hause fort;
es wussten's nicht Vater noch Mutter.

3. ‖: Sie sind gewandert wohl hin und her; :‖
sie hatten nirgends Glück noch Stern;
sie sind verdorben, gestorben.

Wahrscheinlich gab es schon im 18. Jahrhundert ein ähnliches Lied, das mit den Worten *Es fuhr ein Fuhrknecht* begann und 1807 aufgezeichnet, aber dann vergessen wurde. Jedenfalls hat auch Heinrich Heine dieses Lied mit der Anmerkung übernommen: *Dieses ist ein wirkliches Volkslied, welches ich am Rheine gehört.* Der feinsinnige Dichter-Komponist Zuccalmaglio, geboren in Waldbröhl, gestorben in Nachrodt bei Grüna in Westfalen, hat die Melodie – anscheinend sehr stark – umgearbeitet und ihr die heutige Form gegeben, wahrscheinlich um 1825.

Es freit' ein wilder Wassermann

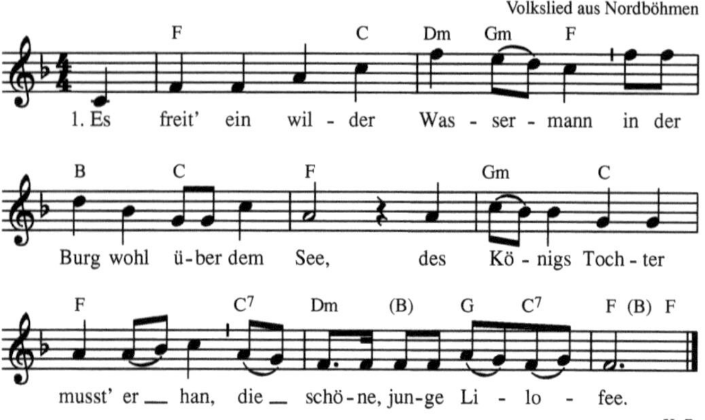

2. Sie hörte drunten die Glocken gehn,
im tiefen, tiefen See,
wollt' Vater und Mutter wiedersehn,
die schöne, junge Lilofee.

3. Und als sie vor dem Tore stand,
auf der Burg wohl über dem See,
da neigt' sich Laub und grünes Gras
vor der schönen, jungen Lilofee.

4. Und als sie aus der Kirche kam,
von der Burg wohl über dem See,
da stand der wilde Wassermann
vor der schönen, jungen Lilofee.

5. »Sprich, willst du hinunter gehn mit mir
von der Burg wohl über dem See,
deine Kindlein unten weinen nach dir,
du schöne, junge Lilofee.«

6. »Und eh' ich die Kindlein weinen lass
im tiefen, tiefen See,
scheid ich von Laub und grünem Gras,
ich arme, junge Lilofee.«

Die Sage von der Vermählung eines menschlichen mit einem geisterhaften, dem Wasser entstiegenen Wesen ist wahrscheinlich sehr alt und wurde im romantischen 19. Jahrhundert wieder zu einem Lieblingsthema in Lyrik, Prosa, Drama und Oper (E. T. A. Hoffmann: *Undine*, Lortzing: *Undine*, Dvořák: *Rusalka u. v. a.*). Der Text ist in vorstehender Form seit etwa 1840 bekannt. Die Melodie aber scheint älter zu sein; zu welchem Text sie vorher gesungen wurde, weiß man nicht. Sie wurde erstmals 1813 im nordböhmischen Joachimsthal aufgezeichnet, also im Erzgebirge, aus dem auch viele andere altdeutsche Sagen und Legenden stammen. Aber auch Westfalen wird manchmal als Heimat dieses Liedes angegeben.

"

Es geht eine dunkle Wolk herein

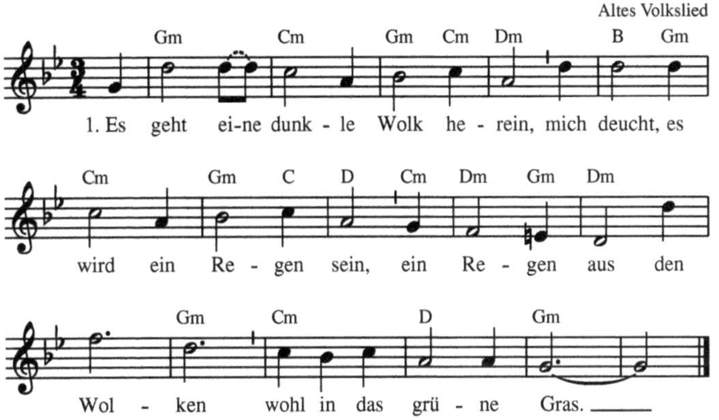

2. Und scheinst du, liebe Sonn, nit bald,
so weset all's im grünen Wald;
und all die müden Blumen,
die haben müden Tod.

3. Es geht eine dunkle Wolk herein,
es soll und muss geschieden sein;
ade, Feinslieb, dein Scheiden
macht mir das Herze schwer.

Die Ursprünge dieses Liedes gehen möglicherweise bis 1600 oder
noch weiter zurück. Melodie und Text stehen in Johann Werlins
Liedersammlung aus dem Jahr 1646; sie scheinen charakteristisch
für die Zeit des Dreißigjährigen Krieges.

Es ist ein Schnee gefallen

H. S.

2. Es gingen drei Gesellen
spazieren um das Haus;
das Maidlein war behände,
es lugt' zum Fenster 'naus.

3. Der ein', der war ein Reiter,
der ander' ein Edelmann,
der dritt' ein stolzer Schreiber,
denselben wollt es han.

4. Er tät dem Maidlein kaufen
von Seiden ein' Haarschnur;
er gab's demselben Maidelein:
»Bind du dein Haar mit zu!«

5. »Ich will mein Haar nit binden,
ich will es hängen lan.
Ich will wohl diesen Sommer lang
fröhlich zum Tanze gan.«

Die Entstehung dieses Liedes lässt sich, wenn auch mit Text- und Melodievarianten, bis um 1535 zurückverfolgen, doch ist über die Urheberschaft – namentlich des Textes – nichts bekannt.

"

Es ist ein Schnitter

2. Was heut noch grün und frisch dasteht,
wird morgen hinweggemäht:
Die edel' Narzissen,
die englischen Schlüssel,
die schön' Hyazinthen,
die türkischen Binden[1].
Hüt dich, schön's Blümelein!

3. Viel hunderttausend ungezählt,
was unter die Sichel fällt:
Rot' Rosen, weiß' Lilien,
beid' wird er austilgen;
ihr Kaiserkronen,
man wird euch nicht schonen.
Hüt dich, schön's Blümelein!

[1] Türkenbund-Lilien

4. Trutz, Tod, komm her, ich fürcht dich nit!
Trutz, komm und tu einen Schnitt!
Wenn Sichel mich letzet,
so werd' ich versetzet
in himmlischen Garten,
darauf will ich warten.
Freu dich, schön's Blümelein.

Text und Melodie des Liedes standen auf einem 1638 in Regensburg gedruckten Flugblatt, unter dem – im Zusammenhang mit diesen Versen – seltsamen Namen *Ein schöns Mayenlied*. In *Des Knaben Wunderhorn* steht es als Katholisches Kirchenlied, was Goethe zu der Bemerkung veranlasste: *Katholisches Kirchen- und Todeslied, verdiente protestantisch zu sein*. Im 19. Jahrhundert wurde der Text von romantischen Komponisten mehrfach vertont, so auch von Luise Reichardt (1779–1826), der Tochter des seinerzeit berühmten Musikers und Goethe-Freundes Johann Friedrich Reichardt (1752–1814); doch sind alle späteren Fassungen heute vergessen, während das alte Volkslied nichts von seiner Schönheit eingebüßt hat. Dieses ist von Johannes Brahms in eine meisterliche Liedfassung gebracht worden.

Es kann ja nicht immer so bleiben

Text: August von Kotzebue (1761–1819)
Melodie: Friedrich Heinrich Himmel (1765–1814)

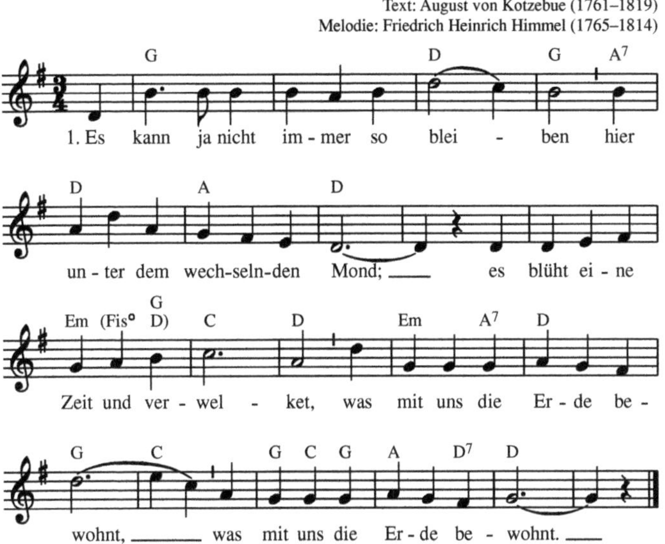

K. P.

2. Es haben viel fröhliche Menschen
lang vor uns gelebt und gelacht;
den Ruhenden unter dem Rasen
‖: sei freundlich ein Becher gebracht! :‖

3. Es werden viel fröhliche Menschen
lang nach uns des Lebens sich freun,
uns Ruhenden unter dem Rasen
‖: den Becher der Fröhlichkeit weihn. :‖

4. Wir sitzen so fröhlich beisammen
und haben uns alle so lieb,
wir heitern einander das Leben:
‖: Ach, wenn es doch immer so blieb'! :‖

5. Doch weil es nicht immer kann bleiben,
so haltet die Freude recht fest;
wer weiß denn, wie bald uns zerstreuet
‖: das Schicksal nach Ost und nach West! :‖

6. Und sind wir auch fern voneinander,
so bleiben die Herzen sich nah;
und alle, ja alle wird's freuen,
𝄆 wenn einem was Gutes geschah. 𝄇

      7. Und kommen wir wieder zusammen
      auf wechselnder Lebensbahn,
      so knüpfen ans fröhliche Ende
      𝄆 den fröhlichen Anfang wir an! 𝄇

Von diesem Lied ist neben der hier gebrachten Fassung im Dreivierteltakt (von Friedrich Heinrich Himmel) eine andere, vor allem
als Soldatenlied im letzten Jahrhundert verbreitete, anonyme bekannt, von der es zahlreiche Textversionen gibt: Sie beziehen sich
auf bestimmte Kriege, teils aus deutscher, teils aus französischer
Sicht. Zum Volkslied wurde es mit dem Text von August von
Kotzebue.

Es klappert die Mühle

Text: Ernst Anschütz (1780–1861)
Melodie: altes Volkslied

K. P.

2. Flink laufen die Räder und drehen den Stein, klipp-klapp,
und mahlen den Weizen zu Mehl uns so fein, klipp-klapp!
Der Bäcker dann Zwieback und Kuchen draus bäckt,
der immer den Kindern besonders gut schmeckt.
Klipp-klapp, …

3. Wenn reichliche Körner das Ackerfeld trägt, klipp-klapp,
die Mühle dann flink ihre Räder bewegt, klipp-klapp!
Und schenkt uns der Himmel nur immerdar Brot,
so sind wir geborgen und leiden nicht Not.
Klipp-klapp, …

Es saß ein schneeweiß' Vögelein

K. P.

2. ‖: »Sag, willst du wohl mein Bote sein?« :‖
»Jawohl, dein Bote will ich sein, in der Lenzeszeit,
jawohl, dein Bote will ich sein, auf grün' Heid'.«

3. ‖: Es nahm den Brief in seinen Mund, :‖
flog fort, hin durch des Waldes Grund, in der Lenzeszeit,
flog fort, hin durch des Waldes Grund, auf grün' Heid'.

4. ‖: Zu Liebchens Türe hin es flog: :‖
»Schläfst, wachst du, oder bist du fort?« in der Lenzeszeit,
»schläfst, wachst du, oder bist du fort?« auf grün' Heid'.

5. ‖: »Ich schlafe nicht, ich wache nicht, :‖
ich bin getraut seit Jahreszeit«, in der Lenzeszeit,
»ich bin getraut seit Jahreszeit«, auf grün' Heid'.

6. ‖: »Bist du getraut seit Jahreszeit, :‖
mich dünkt es eine Ewigkeit«, in der Lenzeszeit,
»mich dünkt es eine Ewigkeit«, auf grün' Heid'.

Diese Melodie weist auf ein sehr hohes Alter hin: Noch sind modale, kirchentonartige, also spätmittelalterliche Anklänge zu hören. Vielleicht stand die Wiege dieses Liedes (das in verschiedenen, leicht voneinander abweichenden Textfassungen gesungen wird) in flämischen Landen. Der in unserer Sammlung oft genannte Anton Wilhelm Florentin von Zuccalmaglio (1803–1869) hat es – vermutlich erstmalig – verdeutscht und ihm auch die heutige musikalische Form gegeben. Er hat auch wahrscheinlich nach einer im Volksmund üblichen Melodie-Variante die beiden g (im 1. und 4. Takt) zu gis umgewandelt, was der Melodie ein wenig von ihrem altertümlichen Charakter nimmt.

Es steht ein Baum im Odenwald

Text: volkstümlich
Melodie: Johann Friedrich Reichardt (1752–1814)

K. P.

2. Da sitzt ein schöner Vogel drauf,
der pfeift gar wunderschön;
ich und mein Schätzlein horchen drauf,
wenn wir selbander gehn.

3. Der Vogel sitzt in seiner Ruh,
wohl auf dem höchsten Zweig;
und schauen wir dem Vogel zu,
so pfeift er alsogleich.

4. Der Vogel sitzt in seinem Nest
wohl auf dem grünen Baum:
Ach Schätzel, bin ich bei dir g'west
oder ist es nur ein Traum?

5. Und als ich wiederkam zu ihr,
verdorret war der Baum;
ein andrer Liebster stand bei ihr:
Jawohl, es war ein Traum!

6. Der Baum, der steht im Odenwald,
und ich bin in der Schweiz,
da liegt der Schnee so kalt, so kalt;
mein Herz es mir zerreißt.

Im Jahre 1781 schrieb der damals hoch geschätzte Komponist und Kapellmeister Johann Friedrich Reichardt eine Melodie zu dem Text *Nicht lobenswürdig ist der Mann.* Im 19. Jahrhundert finden wir diese Melodie mit den verschiedensten Versen verbunden, so z. B. mit *Es steht ein Baum im Odenwald* (eines unbekannten Autors) aus der Volksliedsammlung *Des Knaben Wunderhorn* (1808), mit dem von Heinrich Hoffmann von Fallersleben gedichteten *Der Frühling hat sich eingestellt* sowie mit des gleichen Dichters Weihnachtsvers *Ich lag und schlief.* 1830 gab der Sänger und Musiklehrer Gustav Reichardt (1797–1884) eine neue Melodie heraus, die zu allen genannten Texten passt, die sich aber nicht durchgesetzt hat.

Es steht ein' Lind' in jenem Tal

2. Es sitzt ein Vöglein auf dem Zaun,
ach Gott, was tut es da?
Es will mir helfen klagen, klagen,
‖: dass ich mein Lieb verloren hab. :‖

3. Es quillt ein Brünnlein auf dem Plan,
ach Gott, was tut es da?
Es will mir helfen weinen, weinen,
‖: dass ich mein Lieb verloren hab. :‖

Die Melodie taucht in Nürnberg um 1542 auf, der Text wenige Jahre später – um 1550 – auf einem Fliegenden Blatt in der gleichen Gegend. Es gibt auch ein hessisches Volkslied mit ähnlichem Textanfang (*Es stand eine Lind'*), aber kürzerer und kaum verwandter Melodie sowie völlig verschiedenem Inhalt. Die von uns abgedruckte Weise, die sich durch kleine Unregelmäßigkeiten der metrischen Struktur auszeichnet, wurde von Johannes Brahms (1833–1897) in seine Volksliedersammlung aufgenommen.

Es taget vor dem Walde

2. Es taget vor dem Holze,
stand uf, Kätterlin!
Die Jäger hürnen[1] stolze,
stand uf, Kätterlin!
Holder Buhl ...

3. Es taget in der Auen,
stand uf, Kätterlin!
Schön's Lieb, lass dich anschauen,
stand uf, Kätterlin!
Holder Buhl ...

[1] wohl von »Horn blasen«

Dieses Lied gehört zu den ältesten heute noch gesungenen Volksliedern. Vermutlich stammt seine Melodie von Ludwig Senfl (geboren wahrscheinlich 1492 in Augst bei Basel, gestorben 1555 in
München); es findet sich 1544 mit Senfls Namen in *Hundert und
fünfzehn guter newer Liedlein* gedruckt bei Johann Ott in Nürnberg.
Das Lied steht aber auch in den *Bicinia sive duo Germanica ad
Aequales*, die 1533 von Mathias Apiarius in Bern herausgegeben
wurden; danach wäre Apiarius, einer Anmerkung bei dem Lied zufol-
ge, sein Autor. Viele Forscher neigen zu der Ansicht, dass in Wirk-
lichkeit Senfl 1534 die Melodie zu einem vorher schon bekannten

Text geschrieben habe. Dieser findet sich auch im *Liederbuch aus dem 16. Jahrhundert* von K. Goedeke und J. Tittmann. Dass es bei einem so alten und vom Volksmund recht »zersungenen« Liede viele, zum Teil bedeutend abweichende Fassungen gibt, versteht sich von selbst.

Es war ein König in Thule

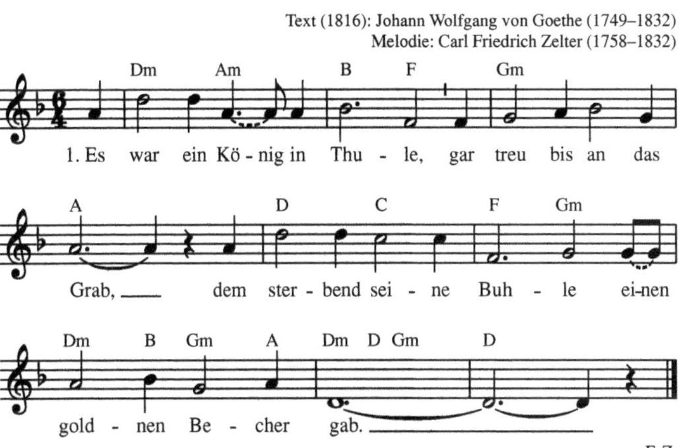

Text (1816): Johann Wolfgang von Goethe (1749–1832)
Melodie: Carl Friedrich Zelter (1758–1832)

F. Z.

2. Es ging ihm nichts darüber,
er leert’ ihn jeden Schmaus;
die Augen gingen ihm über,
so oft er trank daraus.

3. Und als er kam zu sterben,
zählt’ er seine Städt’ im Reich,
gönnt’ alles seinen Erben,
den Becher nicht zugleich.

4. Er saß beim Königsmahle,
die Ritter um ihn her,
auf hohem Vätersaale,
dort auf dem Schloss am Meer.

5. Dort stand der alte Zecher,
trank letzte Lebensglut
und warf den heil’gen Becher
hinunter in die Flut.

6. Er sah ihn stürzen, trinken
und sinken tief ins Meer.
Die Augen täten ihm sinken,
trank nie einen Tropfen mehr.

Goethes berühmtes Gedicht, geschrieben für die Szene Gretchens in ihrer Stube im I. Teil des *Faust*, gehört – neben einigen Texten Heines – zu den meistvertonten der deutschen Literatur. Weit über hundert Liedfassungen dieses Gedichtes sind im Druck erschienen; wie viele tatsächlich geschrieben wurden, lässt sich heute nicht mehr feststellen. Unter den bekannten Kompositionen befinden sich solche von Meistern wie Berlioz (im Oratorium *Fausts Verdammung*), Schubert, Schumann (in den *Faust-Szenen*), Liszt (zwei Fassungen), Marschner, Gounod usw. Die Vertonung von Zelter, die zudem Goethes besondere Wertschätzung besaß, wurde zum Volkslied.

Es waren zwei Königskinder

K. P.

2. »Ach Liebster, könntest du schwimmen,
so schwimm doch herüber zu mir!
Drei Kerzen will ich anzünden,
‖: die sollen leuchten dir.« :‖

3. Das hört' eine falsche Nonne[1],
die tat, als wenn sie schlief';
sie tat die Kerzlein auslöschen,
‖: der Jüngling ertrank so tief. :‖

---

[1] ursprünglich: Rune, Alraune (ein mythisches
Zauberwesen) oder Norne, »zersungen« zu »Nonne«.

4. »Ach Fischer, liebster Fischer,
willst du verdienen groß' Lohn?
So wirf dein Netz ins Wasser
‖: und fisch mir den Königssohn!« :‖

5. Er warf das Netz ins Wasser,
es ging bis auf den Grund;
er fischte und fischte so lange,
‖: bis er den Königssohn fand. :‖

6. Sie schloss ihn in ihre Arme
und küsst' seinen bleichen Mund:
»Ach Mündlein, könntest du sprechen,
‖: so wär' mein jung' Herze gesund.« :‖

7. Sie schwang um sich ihren Mantel
und sprang wohl in die See:
»Ade, mein Vater und Mutter,
‖: ihr seht mich nimmermeh!« :‖

8. Da hörte man Glocken läuten,
da hörte man Jammer und Not:
Da lagen zwei Königskinder,
‖: die waren beide tot. :‖

Dieses Volkslied ist in vielen verschiedenen Fassungen mit bis zu 20 Strophen überliefert; gedruckt erscheint es erstmals 1807 aufgrund einer in Westfalen und am Niederrhein tradierten Version. Damals sang man die Melodie in der Mark Brandenburg zum Text *Ach Mutter, liebe Mutter.* 1819 zeichnete Heinrich Hoffmann von Fallersleben (1798–1874) das Lied mit zwölf Strophen in hochdeutscher Sprache in einer Fassung auf, die dem heute üblichen Text zugrunde liegt. Der niederdeutsche Text *Es wassen twee Küenigeskinner* ist (1842) durch die Dichterin Annette von Droste-Hülshoff (1797–1848) überliefert; er kann eine Übersetzung des Textes von Hoffmann von Fallersleben sein, aber auch der umgekehrte Vorgang ist nicht auszuschließen. In der Umgegend von Bonn und Düsseldorf wurde der Text auch auf eine Melodie in Moll gesungen, die Anklänge zu den älteren Liedern *Ach Elslein, liebes Elselein* (1534) oder *Zwischen zweyen Burgen* (1563) aufweist und die sich auch in Dänemark und Schweden findet.

Es wollt ein Jägerlein jagen

2. Da traf er auf der Heide
sein Lieb in weißem Kleide;
sie war so wunderschön, ja schön,
sie war so wunderschön.
|: Halli, hallo, halli, hallo,
sie war so wunderschön. :|

3. Sie täten sich umfangen,
und Lerch' und Amsel sangen
vor lauter Lieb und Lust, ja Lust,
vor lauter Lieb und Lust.
|: Halli, hallo, halli, hallo,
vor lauter Lieb und Lust. :|

4. Sie tät dem Jäger sagen:
»Ich möcht ein Kränzlein tragen
auf meinem blonden Haar, ja Haar,
auf meinem blonden Haar.
|: Halli, hallo, halli, hallo,
auf meinem blonden Haar.« :|

5. »Will zum Altar dich führen,
dich soll ein Kränzlein zieren
und dann ein Häubchen fein, ja fein,
und dann ein Häubchen fein.
|: Halli, hallo, halli, hallo,
und dann ein Häubchen fein.« :|

Sucht man in alten Quellen nach dem Ursprung von Text und
Melodie, so findet man viel Widersprüchliches. Ein ähnlicher Text
wie der hier gebrachte steht 1516 im *Niederrheinischen Liederbuch*
(*Der geistliche Jäger*), 1777 im *Feynen, kleynen Almanach*. Es gibt
aber auch ganz andere, stark erotische Texte aus dem 18. Jahrhundert;

einen davon bezeichnete Goethe als *ein bischen barsch, aber gut* (*Der verschlafene Jäger*). Unklar ist der Ursprung der Melodie. Auf jeden Fall dürften die Takte 9–12 (*Halli, hallo …*) erst später, vielleicht um 1890, in Norddeutschland dazugekommen sein; sie stammen aus dem Lied *Im Wald und auf der Heide*.

Es wollt ein Mägdlein tanzen gehn

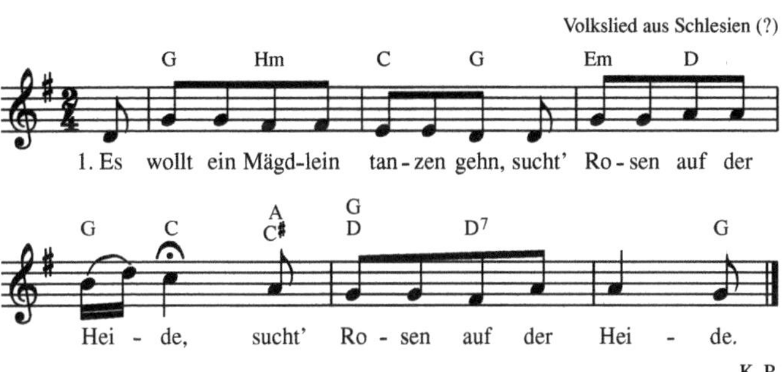

2. Was fand sie an dem Wege stehn?
‖: Ein' Hasel, die war grüne. :‖

3. »Nun grüß dich Gott, Frau Haselin,
‖: von wann bist du so grüne?« :‖

4. »Ei, grüß dich Gott, fein's Mägdelein,
‖: von wann bist du so schöne?« :‖

5. »Ich ess weiß' Brot, trink kühlen Wein,
‖: davon bin ich so schöne.« :‖

6. »Und wenn du auch so schöne bist,
‖: dein' Ehr' hast du verschlafen.« :‖

7. »Hüt dich, hüt dich, Frau Haselin,
‖: das Wort soll dich gereuen! :‖

8. Ich hab der stolzen Brüder zwei,
‖: die sollen dich abhauen.« :‖

9. »Und haun sie mich im Winter ab,
‖: im Sommer grün ich wieder. :‖

10. Ein Mägdlein, das sein' Ehr' verliert,
‖: das kriegt sie nimmer wieder.« :‖

Der »Kern« dieses Liedes, wie wir es bringen, scheint bis ins 16. Jahrhundert zurückzugehen, wobei es vielerlei Varianten gibt. Später – vielleicht im 18. Jahrhundert – wurde dieser Kern ausgedehnt, nahm neue Gedanken auf und weitete sich musikalisch von den ursprünglichen sechs auf zehn Takte Umfang (mit den Wiederholungen sogar auf das Doppelte) aus. Das Lied wird manchmal als schlesisch bezeichnet, manchmal wird es (in einer erweiterten, hier nicht berücksichtigten Form) Hessen-Nassau zugeordnet; man findet es auch im Dreivierteltakt, aber stets mit dem gleichen Inhalt.

Es zogen drei Burschen

Text: Ludwig Uhland (1787–1862)
Melodie: Volksweise

K. P.

2. »Frau Wirtin, hat sie gut' Bier und Wein?
|: Wo hat sie ihr schönes Töchterlein?« :|

3. »Mein Bier und Wein ist frisch und klar;
|: mein Töchterlein liegt auf der Totenbahr'!« :|

4. Und als sie traten zur Kammer hinein,
|: da lag sie in einem schwarzen Schrein. :|

5. Der Erste, der schlug den Schleier zurück
|: und schaute sie an mit traurigem Blick. :|

6. »Ach, lebtest du noch, du schöne Maid,
|: ich würde dich lieben von dieser Zeit!« :|

7. Der Zweite deckte den Schleier zu
|: und kehrte sich ab und weinte dazu. :|

8. »Ach, dass du liegst auf der Totenbahr'!
|: Ich hab' dich geliebet so manches Jahr!« :|

9. Der Dritte hob ihn wieder auf sogleich
|: und küsste sie an den Mund so bleich. :|

10. »Dich liebt' ich immer, dich lieb ich noch heut
|: und werde dich lieben in Ewigkeit!« :|

Um 1740 sang man in verschiedenen Gegenden Deutschlands zu dieser Melodie einen Text *Wenn ich kein Geld hab*, 1809 dichtete Ludwig Uhland (1787–1862), der bedeutende Romantiker, die heute gesungenen Verse.

Fein sein, bei'nander bleibn

¹ herab, herunter
² schneien

2. ‖: Gscheit sein, nit einitappn³! :‖
Es steckt oft der Fuchs in der Zipflkappn.
‖: Gscheit sein … :‖

3. ‖: Frisch sein, nit ummamockn⁴! :‖
Und geht a dein Häusl und die Liab in Brockn⁵.
(oder: Allweil nur grad' heraus und sich net duckn⁶!)
‖: Frisch sein … :‖

4. ‖: Treu sein, nit aussigrasn⁷, :‖
denn die Liab' is so zart wie n'a Soafnblasn⁸.
‖: Treu sein … :‖

³ hineinfallen
⁴ nörgeln, aufbegehren
⁵ Scherben

⁶ sich nicht unterkriegen lassen
⁷ »anderswo grasen«
⁸ Seifenblase

Feinsliebchen, du sollst mir nicht barfuß gehn

2. Wie sollte ich denn nicht barfuß gehn,
hab keine Schuh' ja anzuziehn.

3. Feinsliebchen, willst du mein Eigen sein,
so kaufe ich dir ein Paar Schühlein fein.

4. Wie könnte ich euer Eigen sein,
ich bin ein armes Mägdelein.

5. Und bist du auch arm, so nehm ich dich doch,
du hast ja die Ehr und die Treue noch.

6. Die Ehr und die Treue mir keiner nahm,
ich bin, wie ich von der Mutter kam.

7. Was zog er aus der Tasche fein?
Von lauter Gold ein Ringelein.

Eine sehr ähnliche Melodie wurde zu Anfang des 19. Jahrhunderts in Nordmähren zu einem Text *Ei Annele* gesungen. Zuccalmaglio dichtete den oben stehenden Text ursprünglich wohl zum westfälischen Volkslied *Es wollt' ein wacker' Mädchen*. In der hier wiedergegebenen Form erscheint das Lied 1840 in: *Deutsche Volkslieder* von Kretschmer-Zuccalmaglio. Johannes Brahms gefiel das Lied so gut, dass er es in seine Volksliedersammlung aufnahm.

Freut euch des Lebens

Text: Martin Usteri (1763–1815)
Melodie: Hans Georg Nägeli (1773–1836)

K. P.

2. Freut euch des Lebens …
Wenn scheu die Schöpfung sich verhüllt
und rings der Donner um uns brüllt,
dann lacht am Abend nach dem Sturm
die Sonne doppelt schön.
Freut euch des Lebens …

3. Freut euch des Lebens …
Wer Redlichkeit und Treue liebt
und gern dem ärmern Bruder gibt,
bei dem baut sich Zufriedenheit
so gern ihr Hüttchen an.
Freut euch des Lebens …

4. Freut euch des Lebens …
Und wenn der Pfad sich furchtbar engt
und Missgeschick uns plagt und drängt,
so reicht die Freundschaft schwesterlich
dem Redlichen die Hand.
Freut euch des Lebens …

Hans Georg Nägeli (geboren 1773 in Wetzikon, Kanton Zürich, in Zürich 1836 gestorben) wurde mit weniger als zwanzig Jahren Musikalienhändler, hierauf Notendrucker und -verleger. (Bei Nägeli erschienen 1803/04 die Klaviersonaten op. 31 von Beethoven; er zog sich jedoch den Zorn des Komponisten dadurch zu, dass er den vermeintlich unvollständigen Anfang der d-Moll-Sonate um vier Takte ergänzte.) Nägeli betätigte sich vor allem im von ihm entscheidend geforderten (Männer-) Chorwesen der Schweiz als oft sehr polemischer Musikschriftsteller und als Komponist. Der »Sängervater« publizierte das bekannt gewordene Lied *Freut euch des Lebens* in einer Ausgabe seines Verlages im Jahre 1793 ohne nähere Angaben zur Herkunft. Erst später entdeckte man, dass er selbst der Komponist war.

Frisch auf ins weite Feld

2. Ein wohlgereister Mann,
der in der Welt gewesen ist,
der etwas weiß und kann,
von dem ist viel zu halten
bei Jungen und bei Alten;
𝄆 ich selbst halt viel davon. 𝄇

3. Zu Straßburg an dem Rhein,
da gibt es viel zu schauen
von Silber und Edelstein;
wer Geld hat, der kann kaufen ein,
wer keins hat, muss es lassen sein,
𝄆 zu Straßburg an dem Rhein. 𝄇

4. Zu Köllen an dem Rhein
gibt's soviel Kirch' und Klöster,
als Tag' im Jahre sein;
wer weiß mir eine andere Stadt,
die so viel Kirch' und Klöster hat,
𝄆 als Köllen an dem Rhein? 𝄇

5. Ihr Jungfern insgemein
freit euch nur Junggesellen,
die brav gewandert sein
in ihren jungen Jahren
und haben schon erfahren,
𝄆 was brave Burschen sein. 𝄇

Gang rüef de Bruune

K. P.

[1] Geh und rufe
[2] Braune (Kuhname)
[3] Gelbe (Kuhname)
[4] sollen
[5] allesamt
[6] hineinkommen

2. Gang rüef de Grooße,
gang rüef de Chliine[7],
sie söllet aalsam ...

3. Gang rüef de Gfleckete[8],
gang rüef de Gscheckete[9],
si söllet aalsam ...

[7] Kleine
[8] die gefleckte (Kuh)
[9] die gemusterte (Kuh)

Grün, grün, grün sind alle mein Kleider

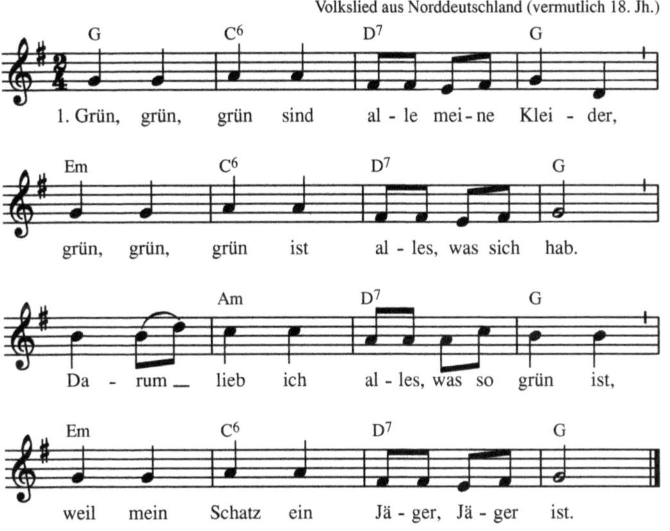

2. Weiß, weiß, weiß sind alle meine Kleider,
weiß, weiß, weiß ist alles, was ich hab.
Darum lieb ich alles, was so weiß ist,
weil mein Schatz ein Müller, Müller ist.

3. Blau, blau, blau sind alle meine Kleider,
blau, blau, blau ist alles, was ich hab.
Darum lieb ich alles, was so blau ist,
weil mein Schatz ein Färber, Färber ist.

4. Bunt, bunt, bunt sind alle meine Kleider,
bunt, bunt, bunt ist alles, was ich hab.
Darum lieb ich alles, was so bunt ist,
weil mein Schatz ein Maler, Maler ist.

5. Schwarz, schwarz, schwarz sind alle meine Kleider,
schwarz, schwarz, schwarz ist alles, was ich hab.
Darum lieb ich alles, was so schwarz ist,
weil mein Schatz ein Schornsteinfeger ist.

Im Volksmund wird die Zahl der Strophen manchmal durch
die Einbeziehung weiterer Farben erhöht, z. B.:

> Rot, rot, rot sind alle meine Kleider,
> rot, rot, rot ist alles, was ich hab.
> Darum lieb ich alles, was so rot ist,
> weil mein Schatz ein Indianer ist.

Grüß Gott, du schöner Maien

2. Die kalten Wind' verstummen,
der Himmel ist gar blau;
die lieben Bienlein summen
daher auf grüner Au.
O holde Lust im Maien,
da alles neu erblüht,
du kannst mir sehr erfreuen
mein Herz und mein Gemüt.

1877 erschienen in Heilbronn *50 ungedruckte Balladen und Liebeslieder aus dem 16. Jahrhundert*, darunter der Text dieses Liedes. Drei Jahre später, 1880, stehen Text und Melodie des Liedes im 2. Band von Johann Jakob Schäublins *Chorgesängen*, die in Basel herausgegeben wurden.

Guten Abend, gut' Nacht

Text 1. Strophe : Volkslied/2. Strophe (1849): Georg Scherer (1828–1909)
Melodie: Johannes Brahms (1833–1897) op. 49/4

H. S.

2. Guten Abend, gut' Nacht,
von Englein bewacht,
die zeigen im Traum
dir Christkindleins Baum.
‖: Schlaf nun selig und süß,
schau im Traum 's Paradies. :‖

Unter den unzähligen Wiegen- und Gute-Nacht-Liedern, die im
Laufe der Jahrhunderte in deutscher Sprache entstanden sind, soll
es im 15. Jahrhundert ein textlich dem von Johannes Brahms Ähnliches gegeben haben. 1808, etwa vierhundert Jahre später, stehen
die von Brahms vertonten Verse in der Volksliedersammlung *Des
Knaben Wunderhorn* von Achim von Arnim (1781–1831) und
Clemens Brentano (1778–1842). Im Jahre 1868 lebte Brahms schon
seit sechs Jahren in Wien; er hatte gerade das von ihm so genannte
»hündische Virtuosenleben« aufgegeben und widmete sich nun fast

ausschließlich der Komposition. Das *Deutsche Requiem* war vollendet und in rascher Folge entstanden die *Liebeslieder-Walzer* op. 52 (für Gesangsquartett und Klavier zu vier Händen) sowie mehr als 60 Sololieder, darunter so berühmte wie *Von ewiger Liebe* op. 43/1, *Die Mainacht* op. 43/2, *Wie bist du, meine Königin* op. 32/9, *Sonntag* op. 47/3 – und als op. 49/4 das »Wiegenlied« *Guten Abend, gut' Nacht*. Das Manuskript schickte Brahms am 15. Juli 1868 von Bonn aus an die befreundete Familie Faber nach Wien anlässlich der Geburt von deren zweitem Sohn. Dazu schreibt er: *Frau Bertha wird nun gleich sehen, dass ich das Wiegenlied gestern ganz bloß für ihren Kleinen gemacht habe; sie wird es auch, wie ich, ganz in Ordnung finden, dass, während sie den Hans in Schlaf singt, der Mann sie ansingt und ein Liebeslied murmelt.* In seiner originalen, eigenartig »schwebenden« Klavierbegleitung zitiert Brahms ein österreichisches Lied, das ihm seinerzeit, noch in Hamburg, die damals siebzehnjährige Bertha Porubszky aus Wien – nun Frau Faber – vorgesungen hatte: *Du moanst wohl, i bin so a Bua.*
Die zweite, heute allgemein gesungene Strophe wurde vermutlich von Georg Scherer nachgedichtet; sie deutet das Lied zu einem (von Brahms nicht beabsichtigten) Weihnachtslied um.

Gute Nacht, gute Nacht, mein feines Lieb

2. Gute Nacht, gute Nacht, mein feines Lieb,
gute Nacht, schlaf wohl, mein Kind.
Es singt im Busch die Nachtigall
im klaren Mondenschein.
Der Mond scheint in das Fenster dir,
schaut in dein stilles Kämmerlein;
der Mond sieht dich im Schlummer da.
Doch ich muss ziehn allein.

Ob dieses Lied, wie manchmal behauptet, »aus dem Rheinland« stammt, ist kaum noch festzustellen; es dürfte das erste Mal von Friedrich Silcher (1789–1860) publiziert worden sein. Die Melodie wurde schon zu Anfang des 19. Jahrhunderts mit dem Textanfang *Gute Nacht, gute Nacht, liebe Anne Dorothee* in Thüringen gesungen.

Guter Mond, du gehst so stille

Text: Karl Englin (1819–1875)
Melodie: Autor unbekannt

K. P.

2. Guter Mond, dir darf ich's sagen,
was mein banges Herze kränkt
und an wen mit bittren Klagen
die betrübte Seele denkt!
Guter Mond, du sollst es wissen,
weil du so verschwiegen bist,
warum meine Tränen fließen
und mein Herz so traurig ist.

3. Dort in jenem kleinen Tale,
wo die dunklen Bäume stehn,
nah bei jenem Wasserfalle
wirst du eine Hütte sehn.
Geh durch Wälder, Bäch' und Wiesen,
blicke sanft durchs Fenster hin,
so erblickest du Elisen,
aller Mädchen Königin.

4. Nicht in Gold und nicht in Seide
wirst du dieses Mädchen sehn,
nur im schlichten, netten Kleide
pflegt mein Mädchen stets zu gehn.
Nicht vom Adel, nicht vom Stande,
was man sonst so hoch verehrt,
nicht vom eitlen Mode-Tande
hat mein Mädchen seinen Wert.

5. Nur ihr reizend gutes Herze
macht sie liebenswert bei mir,
stolz im Ernste, froh im Scherze,
jeder Zug ist gut an ihr.
Ausdrucksvoll sind die Gebärden,
froh und heiter ist ihr Blick;
kurz, von ihr geliebt zu werden,
halt ich für das größte Glück.

6. Mond, du Freund der reinen Triebe,
schleich dich in ihr Kämmerlein!
Sage ihr, dass ich sie liebe,
und dass sie nur ganz allein
mein Vergnügen, meine Freude,
meine Lust, mein alles ist,
dass ich gerne mit ihr leide,
wenn ihr Aug in Tränen fließt.

7. Dass ich aber schon gebunden,
und nur leider zu geschwind
meine süßen Freiheitsstunden
schon für mich entschwunden sind;
und dass ich nicht ohne Sünde
lieben könne in der Welt.
Lauf und sag's dem guten Kinde,
ob ihr diese Lieb' gefällt?

Hab mein' Wage vollgelade

K. P.

* in anderen Fassungen hier Schluss

2. Hab mein' Wage vollgelade,
voll mit Männern, alten.
Als wir in die Stadt 'nein kamen,
murrten sie und schalten.
Drum lad ich all' mein' Lebetage
nie alte Männer auf mein' Wage.
Hü, Schimmel …

3. Hab mein' Wage vollgelade,
voll mit jungen Mädchen.
Als wir zu dem Tor 'nein kamen,
sangen sie durchs Städtchen.
Drum lad ich all' mein Lebetage
nur junge Mädchen auf mein' Wage.
Hü, Schimmel …

Hier liegt das Beispiel eines außerhalb Deutschlands entstandenen Liedes vor, das durch die Übersetzung ins Deutsche und Pflege durch eine volkstümliche Singbewegung Volksliedcharakter bekam. Es erschien in Amsterdam 1897: *'k heb mijn wagen volgeladen*, wurde aber flämisch schon im 17. Jahrhundert gesungen: *Ik heb een wagen vol geladen*. Der erste deutsche Druck stammt aus dem Jahre 1898. Die deutsche Fassung wird Christiane Rassow zugeschrieben. Das humorvolle Lied wurde in Deutschland zu einer Lieblingsweise der Wandervogel- und Singbewegung; seine Aufnahme in Hans Breuers *Zupfgeigenhansl* (erstmals erschienen 1911) sicherte ihm eine weite Verbreitung.

Hab mir mein' Weizen aufs Bergl g'sät

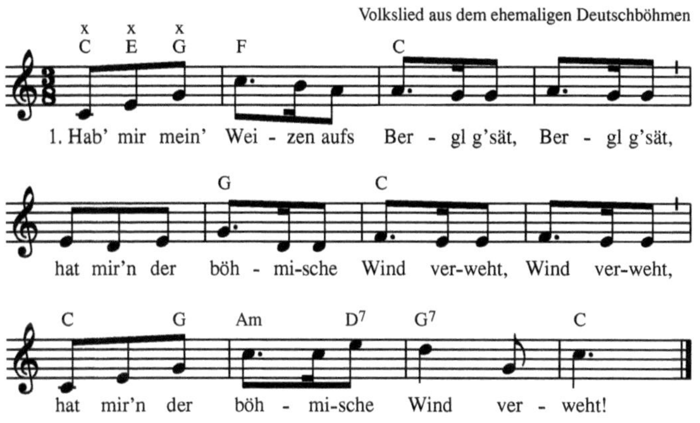

2. Böhmischer Wind, ich |: bitt dich schön, :|
|: lass mir mein' Weizen am Bergl stehn. :|

3. D' Apfel ist sauer, ich |: mag ihn nicht, :|
|: s' Madl ist falsch, und ich trau ihr nicht. :|

4. Wenn ich kein Geld mehr im |: Beutel hab, :|
|: geh ich in' Wald und schneid Ruten ab. :|

5. Geh ich nach Haus dann, mach |: Besen draus, :|
|: krieg ich bald wieder ein Geld ins Haus. :|

6. Wenn ich die Besen gebunden hab, |: -bunden hab, :|
geh ich die Straßen wohl auf und ab, auf und ab,
Leute, wer kauft mir die Besen ab?

Heißa, Kathreinerle

Text: Volkslied
Melodie: Alte Tanzweise aus dem Elsass

H. S.

2. Dreh wie ein Rädele
flink dich im Tanz!
Fliegen die Zöpfele,
wirbelt der Kranz.
Didel, dudel, dadel,
schrumm, schrumm, schrumm,
lustig im Kreis herum
dreh dich, mein Mädel,
im festlichen Glanz!

3. Heute heißt's lustig sein,
morgen ist's aus!
Sinket der Lichter Schein,
gehn wir nach Haus.
Didel, dudel, dadel,
schrumm, schrumm, schrumm,
morgen mit viel Gebrumm
fegt die Frau Wirtin
den Tanzboden aus.

Nach dem bedeutenden *Liederhort* von Ludwig Erk (1807–1883) und dessen Erweiterung durch Franz Magnus Böhme (1827–1898) ist die Melodie zum ersten Teil dieses Liedes eine alte deutsche Pfeiferweise, die von den wandernden Spielleuten im Elsass seit dem 14. Jahrhundert bis 1730 bei ihren Jahresversammlungen gespielt wurde. Jean-Baptiste Weckerlin (1821–1910), ein Elsässer Musiker, Komponist und Volksliedsammler, gab das Lied mit dem Text

Guguck im Häfele heraus (*Elsässer Volkslieder*, Paris 1883). Die Weise wurde noch um 1825 als Ecossaise getanzt. Wann der heute gesungene Text entstand, ist nicht mehr festzustellen, auf jeden Fall ist er viel neueren Datums.

Heute an Bord

Text (1908): Paul Vollrath
Melodie: Klaus Prigge (nach einem ungarischen Soldatenlied)

K. P.

2. Verschwunden der Strand,
entschwunden das Land.
Schiff auf hoher See!
Rings um uns her
nur Wellen und Meer
ist alles, was ich seh.
Leis die Wellen wiegen,
Möwen heimwärts fliegen,
golden strahlt die Sonn',
Herzen voller Wonn',
Heimatland ade!

3. Im Kampfe wir sind
mit Wellen und Wind
auf dem Ozean.
In Not und Gefahr
sind wir immerdar
stets ein ganzer Mann.
Im Ernste wie im Scherze
am rechten Fleck das Herze;
unser schönstes Gut:
frischer Seemannsmut!
Herrscher auf dem Meer!

Hinaus in die Ferne

Text und Melodie (um 1813): Albert Methfessel (1785–1869)
Zum Volkslied geworden vor 1850

K. P.

¹ im Original: »männlichen Gesang«,
 kann ersetzt werden durch »fröhlichen«, »festlichen« usw.

2. Wir halten zusammen, wie treue Brüder tun,
wenn Tod uns umtobet und wenn die Waffen ruhn.
Uns alle treibt ein reiner, freier Sinn,
nach einem Ziele streben wir alle hin!

Hoch vom Dachstein an

Text: Jacob Dirnböck/Melodie: L. C. Seydler

K. P.

2. Wo im dunklen Wald froh das Rehlein springt,
droben auf gar steiler Bergeshöh,
wo das Bächlein klar aus den Gletschern rinnt
und die Gemse klimmt am Felsenrand:
|: Dieses schöne Land ist der Steirer Land,
ist mein liebes, teures Vaterland! :|

3. Wenn im Tal der Alp die Schalmei ertönt,
unter Glockenklang und heiterm Lied,
kommt der Hirtenbub mit den Küh'n daheim
abends zu der allerliebsten Maid:
|: Dieses schöne Land ist der Steirer Land,
ist mein liebes, teures Vaterland! :|

Dieses Lied, das zum steirischen Volkslied, ja zu einer Art Landes-
hymne für die Steiermark geworden ist, wird rhythmisch auch ohne
oder mit nur angedeuteten Punktierungen gesungen. In Bayern ist
es mit dem Text *Von dem Gipfelkreuz auf der Zugspitz' Höh'n* anzu-
treffen.

Horch, was kommt von draußen rein

2. Leute haben's oft gesagt,
was ich für ein Liebchen hab'!
Lass sie reden, schweig fein still,
kann ja lieben, wen ich will!

3. Wenn mein Liebchen Hochzeit hat,
ist für mich ein Trauertag.
Geh dann in mein Kämmerlein,
trag den Schmerz für mich allein.

4. Wenn ich mal gestorben bin,
trägt man mich zum Friedhof hin.
Setzt mir einen Leichenstein,
Rosen und Vergissnichtmein.

Einzelne Teile des Textes zu diesem Lied stehen 1876 in *Rundas und Reimsprüche aus dem Vogtlande*, die Hermann Dunger in Plauen herausgab. Wenige Jahre später (1885) erschien in Halle das Studentenliederbuch *Vivat Academia*, in dem das vorstehende Lied in Versen und Melodie abgedruckt ist. Trotz dieser durchweg ostdeutschen Stationen hält sich hartnäckig die Meinung, es handle sich um ein schwäbisches Volkslied.

I bin a Steirerbua

K. P.

2. Wenn i auf d' Alma geh
im feschen Steirer G'wand,
grün eing'fasst ist der Rock,
so tragt man's in mei'm Land,
dazu an Almastock
in meiner rechten Hand,
an Stutzen auch dazu,
so sind wir's g'wohnt.
Ria, riadiridio …

3. Wenn i zum Dirndl geh
und steh vor ihrem Haus,
da lacht's mich freundlich an
und kommt zu mir heraus.
Sie fallt mir um den Hals
und sagt mir leis ins Ohr:
Du bist mein liaba,
liaba Steirerbua.

Ich bin die kleine Nienburgerin

K. P.

2. Ick bin dei ole Kalnbarger, Kalnbarger Bur.
Hew so'n oln Deiwitz[1] up mit so veel Builen[2] drup.
Ick bin dei ole Kalnbarger, Kalnbarger Bur.

3. Ich bin die kleine Nienburger-, Nienburgerin.
Hab' so'n schön' Kleidchen an mit so viel Spitzen dran.
Ich bin die kleine Nienburger-, Nienburgerin.

4. Ick bin dei ole Kalnbarger, Kalnbarger Bur.
Hew so'n ole Büxen[3] an mit so veel Flicken dran.
Ick bin dei ole Kalnbarger, Kalnbarger Bur.

[1] alter Hut
[2] viele Beulen
[3] Hosen

5. Ich bin die kleine Nienburger-, Nienburgerin.
Hab so'n fein' Schühchen an mit so viel Blümchen dran.
Ich bin die kleine Nienburger-, Nienburgerin.

6. Ick bin dei ole Kalnbarger, Kalnbarger Bur.
Hew so'n ole Jacken an mit so veel Lappen dran.
Ick bin dei ole Kalnbarger, Kalnbarger Bur.

Ich fahr dahin

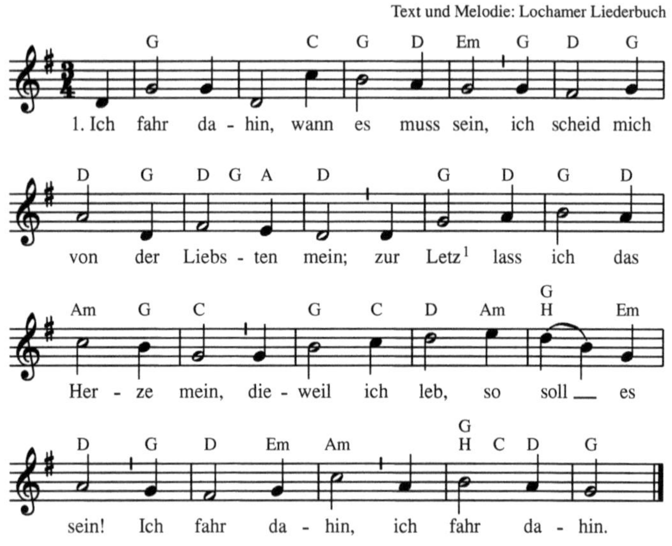

[1] zum Trost (als Abschiedsgabe)

2. Halt du mein Treu so stät als ich!
Wie du willst, so find'st du mich.
Halt dich in Hut, das bitt ich dich.
Gesegn' dich Gott! Ich fahr dahin.

Im *Lochamer Liederbuch* (Nürnberg, um 1450) finden sich für dieses Lied weder Notenschlüssel noch Taktvorzeichnung, woraus sich die späteren starken Unterschiede bei verschiedenen Ausgaben erklären, sogar die Möglichkeit, das Lied in Dur wie in Moll zu singen. (Will man von dieser zweiten Möglichkeit Gebrauch machen, so denke man sich statt des Kreuzes zwei ♭ vorgezeichnet.)

Ich gehe über Berg und Tal

2. Im grünen Feld, im hellen Grund
stehn Halme ohne End,
die tragen Blümlein kleine,
die werden Körnlein feine
wohl um die Sonnenwend.

3. Es geht ein Bächlein nieder
zum Tal von Waldeshöh,
muss treiben manche Mühle,
muss tränken Fischlein viele
und wird ein stiller See.

4. Ach, mein vielliebes Herze,
das hast du nicht gewusst,
als du im Mai gesungen
und dir ein Glück gelungen,
dass du auch leiden musst.

5. In Leiden und in Freuden,
mein Herz gib dich darein!
Ob Mai, ob Sonnenwende,
mein Weg soll ohne Ende
ein Sonnenwandern sein.

Willy Gohl gibt an, dieser Text stamme *aus einem alten hallischen Jahreslaufspiel*. Die Melodie steht im *Deutschen Liederhort*, den Ludwig Erk (1807–1883) 1856 herausgab.

116

Ich ging durch einen grasgrünen Wald

* Die bezeichneten Takte werden auch im entgegengesetzten Rhythmus gesungen, also: ♩. ♫ ♫ ♫, wobei nicht zu entscheiden ist, welche der Formen das »Original« darstellt.

2. Stimm an, stimm an, Frau Nachtigall,
sing mir von meinem Feinsliebchen!
Sing mir es so hübsch, sing mir es so fein,
heut Abend will ich bei ihr sein,
sie halten in meinen Armen.

3. Nun muss ich wandern bergauf, bergab,
die Nachtigall singt in der Ferne.
Es wird mir so wohl, so leicht am Stab,
und wie ich schreite hinauf, hinab,
die Nachtigall singt in der Ferne.

1574 findet sich in einer Berliner Handschrift ein ähnlicher Text: *Ich ging mit Lust durch einen Wald*. 1808 legten Clemens Brentano (1778–1842) und Achim von Arnim (1781–1831) in *Des Knaben*

Wunderhorn die erste Strophe fest, wie sie heute gesungen wird. Die beiden anderen scheint Hermann Kletke nachgedichtet zu haben. Die Melodie wurde 1841 erstmals von Ludwig Erk (1807–1883) publiziert. Aber bereits 1818 findet sich der Liedanfang mit dem Text *Es stehen drei Sterne*. Das Lied wird zumeist mit dem Zusatz publiziert: »Aus Hessen-Darmstadt«.

Ich ging emol spaziere

2. Sie sagt', sie hätt viel Gulde,
dabei sind's lauter Schulde.

3. Sie sagt', sie tät viel erbe,
dabei sind's lauter Scherbe.

4. Sie sagt', sie wär von Adel.
Ihr Vater führt die Nadel.

5. Sie sagt', ich sollt sie küsse,
es braucht' niemand zu wisse.

6. Sie sagt', ich sollt sie nehme,
sie macht' mir's recht bequeme.

7. Der Sommer ist gekommen.
Ich hab sie nicht genommen.

Bei diesem Lied gehen Ansichten über Alter und Ursprung unge-
wöhnlich weit auseinander. Es soll einen ähnlichen Text schon um
die Mitte des 16. Jahrhunderts in Nürnberg gegeben haben; zu
Beginn des 19. Jahrhunderts findet sich das Lied in der hier wiedergegebenen Version in Nordmähren. Den Text gibt es in verschiedenen Dialektfassungen, deren häufigste *Ich ging emol spaziere*
lautet. Manche Varianten weisen ins Schwabenland oder zumin-
dest in den Südwesten Deutschlands, aber derartige »Übernahmen«
oder sogar »Verpflanzungen« sind beim Volkslied gang und gäbe.
In verschiedenen Regionen hat das Lied bald 5, bald 7, bald 12
Strophen. Die Melodie scheint aus dem 19. Jahrhundert zu stammen, volkstümlich wurde sie vielleicht sogar erst in der Zeit um
1930.

Ich hab die Nacht geträumet

* Auf der C-Blockflöte muss statt des h als Auftakt e' gespielt werden.

2. Ein Kirchhof war der Garten,
das Blumenbeet ein Grab
und von dem grünen Baume
fiel Kron' und Blüten ab.

3. Die Blüten tät' ich sammeln
in einen goldnen Krug,
der fiel mir aus den Händen,
dass er in Stücken schlug.

4. Draus sah ich Perlen rinnen
und Tröpflein rosenrot.
Was mag der Traum bedeuten?
Herzliebster, bist du tot?

Die Melodie aus dem 18. Jahrhundert findet sich 1777 im *Kleinen feynen Almanach* von Christoph Friedrich Nicolai als »alte Volksweise« verzeichnet. Der dortige Text *Es wollt ein Jäger jagen* scheint der Moll-Melodie so zu widersprechen, dass man einen anderen als Ursprung annehmen muss. Im 19. Jahrhundert schrieb Heinrich Hoffmann von Fallersleben ein anderes Gedicht zu dieser Weise: *Das Laub fällt von den Bäumen* ... Von wem die hier abgedruckten Worte stammen, ist nicht mehr festzustellen.

Ich hatt' einen Kameraden

Text (1809): Ludwig Uhland (1787–1862)
Melodie (1827): Friedrich Silcher (1789–1860)

F. Z.

2. Eine Kugel kam geflogen,
gilt sie mir oder gilt sie dir?
Ihn hat es weggerissen,
er liegt zu meinen Füßen,
‖: als wär's ein Stück von mir. :‖

3. Will mir die Hand noch reichen,
derweil ich eben lad.
»Kann dir die Hand nicht geben,
bleib du im ew'gen Leben
‖: mein guter Kamerad!« :‖

Textdichter und Komponist ließen sich zu diesem Lied von älteren Vorbildern anregen: Ludwig Uhland, der für Volksdichtung und Volksmusik eine besondere Neigung hatte, folgte einem älteren Gedicht *Des Morgens zwischen drei'n und vieren*; Friedrich Silcher, Sammler und Schöpfer zahlreicher volkstümlich gewordener Weisen, griff auf ein schwäbisches Volkslied zurück.

Ich weiß nicht, was soll es bedeuten
(Lorelei)

Text (1823): Heinrich Heine (1797–1856)
Melodie (1838): Friedrich Silcher (1789–1860)

F. Z.

2. Die schönste Jungfrau sitzet
dort oben wunderbar,
ihr goldnes Geschmeide blitzet,
sie kämmt ihr goldenes Haar.
Sie kämmt es mit goldenem Kamme
und singt ein Lied dabei,
das hat eine wundersame,
gewaltige Melodei.

3. Den Schiffer im kleinen Schiffe
ergreift es mit wildem Weh;
er schaut nicht die Felsenriffe,
er schaut nur hinauf in die Höh.
Ich glaube, die Wellen verschlingen
am Ende Schiffer und Kahn;
das hat mit ihrem Singen
die Lorelei getan.

122

Lorelei ist eines der schönsten deutschen Volkslieder und das Werk zweier Meister. Es beweist, wie nahe zu manchen Zeiten Volksmusik und Kunstmusik einander sein können. Eine solche Epoche war die frühe deutsche Romantik, die erste Hälfte des 19. Jahrhunderts. Heinrich Heine schrieb 1823/24 seinen Gedichtzyklus *Die Heimkehr*, den er in das *Buch der Lieder* einfügte. In ihm steht an zweiter Stelle *Ich weiß nicht, was soll es bedeuten*, die Geschichte vom Schiffer, der angesichts eines schönen Weibes, das betörende Lieder singt, in tödliche Gefahr gerät, da er Weg und Aufgabe vergisst. Die rheinische Sagengestalt der Lorelei erinnert an die Sirenen in der Odyssee des Homer, die mit ihrem verführerischen Gesang die Seefahrer in Not bringen, eine Vorstellung, die also schon seit der Antike überliefert ist. Friedrich Silcher hat 1838 zu Heines Versen eine Melodie gefunden, die ihn als großen Komponisten ausweist, nicht zuletzt weil sie die Kraft hatte, zum echten Volkslied zu werden.

Ihren Schäfer zu erwarten
(Phyllis und die Mutter)

Volkslied (18. Jh.)

K. P.

2. Ihre Mutter kam ganz leise,
trallerali, tirallerala,
nach der alten Mütterweise,
trallerali, tirallerala,
nachgeschlichen, o wie fein,
fand das Mädchen ganz allein.
Trallerali, tirallerala,
tirallerali, tirallerala!

3. Ihrem Schlummer halb entrissen
von den zarten Mutterküssen,
rief das Mädchen: »Ach, Damöt,
warum kommst du heut so spät?«

4. »Ei, so hast du mich belogen?
Deine Unschuld ist betrogen,
ihm zur Schmach und dir zur Pein
sperr ich dich ins Kloster ein!«

5. »Kloster ist nicht mein Verlangen,
bist ja selbst nicht 'neingegangen,
und wenn's allen so sollt' gehn,
möcht ich mal die Klöster sehn!«

Die Melodie ist in Oberschlesien sowie (von Ludwig Erk) in Cleve
und im Bergischen Land – wahrscheinlich aus dem 18. Jahrhundert – beglaubigt; der Text wurde in einer Nürnberger Zeitschrift
1771 veröffentlicht.

Im Aargau sind zweu Liebi

¹ Mädchen

124

2. Und der Jungknab' zog zu Kriege,
und der Jungknab' zog zu Kriege.
»Säg, wenn chunnsch du wieder hei[2], hei, hei?
Säg, wenn chunnsch du wieder hei?«

3. ‖: »Übers Johr im andere Summer, :‖
‖: wenn die Stüdeli[3] trage Laub, Laub, Laub.« :‖

4. ‖: Und's Johr und das war ume, :‖
‖: der Jungknab' ischt wiedrum hei, hei, hei. :‖

5. ‖: Er zog durs Gässeli ufe, :‖
‖: wo schön Anneli am Fensterli sitzt, sitzt, sitzt. :‖

6. ‖: »Gott grüeß di, du Hübschi, du Fini, :‖
‖: vo Herze gefallischt mer wol, wol, wol.« :‖

7. ‖: »Wie chani[4] denn dir gefalle? :‖
‖: Ha scho längschtes en andere Ma[5], Ma, Ma. :‖

8. ‖: En hübsche und en riche, :‖
‖: der mi erhalte cha[6], cha, cha.« :‖

9. ‖: Er zog durs Gässeli abe, :‖
‖: er truret[7] und weinet so sehr, sehr, sehr. :‖

10. ‖: Da begegnet ihm si Frau Mueter :‖
‖: »Warum trurischt und weinischt so sehr, sehr, sehr?« :‖

11. ‖: »Warum sollt' i denn nit trure? :‖
‖: Jetzt hani[8] kei's Schätzeli meh[9], meh, meh.« :‖

12. ‖: »Wärischt[10] du deheime geblibe, :‖
‖: hättischt du dis Schätzeli no, no, no.« :‖

[2] heim	[7] trauert
[3] Stauden, Büsche	[8] hab ich
[4] kann ich	[9] mehr
[5] Mann	[10] wärst
[6] kann	

Text und Musik dieses Liedes stammen wahrscheinlich vom Ende des 18. Jahrhunderts und wurden zu Anfang des 19. in Bern erstmals herausgegeben. Erk weist darauf hin, dass die 4. bis 8. Strophe genau mit einem deutschen Lied (*Es kann mich nichts Schönres erfreuen*) übereinstimmen.

Im Krug zum grünen Kranze

Text: Wilhelm Müller (1794–1827)
Melodie: Volkslied (19. Jh.)

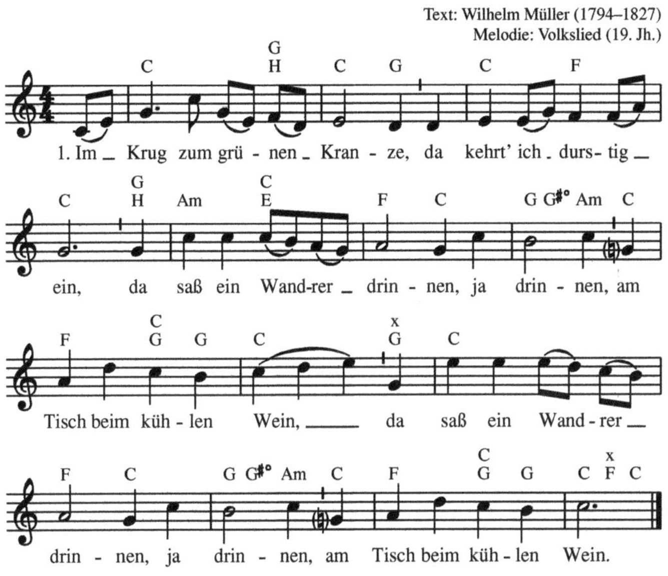

K. P.

2. Ein Glas wird eingegossen,
das wurde nimmer leer;
❘: sein Haupt ruht auf dem Bündel, ja Bündel,
als wär's ihm viel zu schwer. :❘

3. Ich tät mich zu ihm setzen,
ich sah ihm ins Gesicht,
❘: das schien mir gar befreundet, befreundet,
und dennoch kannt' ich's nicht. :❘

4. Da sah auch mir ins Auge
der fremde Wandersmann
❘: und füllte meinen Becher, ja Becher,
und sah mich wieder an. :❘

5. Hei, was die Becher klangen,
wie brannte Hand in Hand!
❘: »Es leb die Liebste deine, Herzbruder,
im fernen Vaterland.« :❘

126

Im Märzen der Bauer

Textfassung: Walter Hensel
Melodie: Volkslied

F. Z.

2. Die Bäurin, die Mägde, sie dürfen nicht ruhn,
sie haben im Haus und im Garten zu tun;
sie graben und rechen und singen ein Lied
und freun sich, wenn alles schön grünet und blüht.

3. So geht unter Arbeit das Frühjahr vorbei,
dann erntet der Bauer das duftende Heu;
er mäht das Getreide, dann drischt er es aus:
im Winter, da gibt es manch fröhlichen Schmaus.

Diese besonders für Kinderstimmen geeignete Weise (möglicherweise aus Mähren oder aus Sternberg im einstigen Sudetenland) publizierte der verdienstvolle Volksliedforscher Josef Pommer (1845–1918) im *Liederbuch für die Deutschen in Oesterreich* (1884). Später sorgte die Singbewegung, vor allem Walther Hensel (1887–1956), für die Verbreitung des Liedes.

Im schönsten Wiesengrunde

2. Muss aus dem Tal jetzt scheiden,
wo alles Lust und Klang.
Das ist mein herbstes Leiden,
mein letzter Gang.
Dich, mein stilles Tal,
grüß ich tausendmal!
Das ist mein herbstes Leiden,
mein letzter Gang.

3. Sterb ich, in Tales Grunde
will ich begraben sein,
singt mir zur letzten Stunde
beim Abendschein:
Dir, mein stilles Tal,
Gruß zum letzten Mal!
Singt mir zur letzten Stunde
beim Abendschein!

Diese Melodie hat viele Wandlungen durchgemacht und mancher-
lei Texte wurden ihr im Laufe von Jahrhunderten unterlegt. Als ihr
vermutliches Urbild gilt die englische Tanzweise *All in a garden*.
Aus ihr ging die Allemande *Unter der Linden grüne* hervor, die
1601 von Jan Pieterszoon Sweelinck (1562–1621) bearbeitet wurde.
1839, also mehr als zwei Jahrhunderte später, findet sich dann bei
Friedrich Silcher eine Weise *Es stieß ein junger Jäger*, die besonders in den ersten vier Takten unserem Volkslied entspricht. 1843

wird im Liede Silchers *Drei Lilien, drei Lilien* die Ähnlichkeit noch größer. 1850 erschien schließlich der heute gesungene Text als Gedicht von Wilhelm Ganzhorn unter dem Titel *Das stille Tal*. Wie und wann diese Verse zu der heute mit ihnen verbundenen Melodie kamen, ist ungewiss.

Im Wald und auf der Heide

Text: Wilhelm Bornemann (1767–1851)
Melodie: F. L. Gehricke zugeschrieben

F. Z.

2. Und streif ich durch die Wälder
und zieh ich durch die Felder
|: allein den ganzen Tag, :|
so schwinden mir die Stunden
gleich flüchtigen Sekunden,
|: tracht ich dem Wilde nach. :|
Halli, hallo, halli, hallo,
tracht ich dem Wilde nach.

3. Wenn sich die Sonne neiget,
der feuchte Nebel steiget,
|: mein Tagwerk ist getan. :|
Dann zieh ich von der Heide
zur häuslich stillen Freude,
|: ein froher Jägersmann. :|
Halli, hallo, halli, hallo,
ein froher Jägersmann.

Der Ursprung des Textes zu diesem Lied ist bekannt, ihn dichtete Wilhelm Bornemann 1816, wenn auch in anderer Form: *In grün belaubter Heide* und wahrscheinlich mit sechs Strophen. Über die Melodie gehen die Ansichten auseinander. Der Volksliedforscher Ludwig Erk (1807–1883) schrieb 1840: *Seit zwanzig bis dreißig Jahren unter dem Volke gangbar.* Ältere Sammlungen weisen die Vertonung manchmal dem Organisten, Thomaskantor und Vorgänger Mendelssohns als Gewandhausdirigent Christian August Pohlenz (1790–1843) zu; in neueren Ausgaben hingegen wird zumeist als »wahrscheinlicher« Komponist F. L. Gehricke genannt.

In einem kühlen Grunde

2. Sie hat mir Treu' versprochen,
gab mir ein' Ring dabei,
‖: sie hat die Treu' gebrochen,
mein Ringlein sprang entzwei. :‖

3. Ich möcht als Spielmann reisen
wohl in die Welt hinaus
‖: und singen meine Weisen
und gehn von Haus zu Haus. :‖

4. Ich möcht als Reiter fliegen
wohl in die blut'ge Schlacht,
‖: um stille Feuer liegen
im Feld bei dunkler Nacht. :‖

5. Hör ich das Mühlrad gehen:
ich weiß nicht, was ich will,
‖: ich möcht am liebsten sterben,
da wär's auf einmal still! :‖

Der Text von Eichendorff wurde sowohl unter dem Titel *Das zerbrochene Ringlein* wie auch als *Untreue* bekannt und erstmals in Tübingen 1813 in Justinus Kerners *Deutschem Dichterwald* veröffentlicht. Die Melodie komponierte Friedrich Glück, Friedrich Silcher veröffentlichte sie in Tübingen 1826 in leicht veränderter Form. Die melodische Wendung im drittletzten Takt, der hohe Ton auf dem dritten Achtel, wurde im Volksmund »hinzukomponiert«.

Innsbruck, ich muss dich lassen

Text (1493): Kaiser Maximilian I. (1459–1519) zugeschrieben
Melodie: Heinrich Isaac (um 1450–1517)

F. Z.

¹ Ausland, Fremde

2. Groß' Leid muss ich jetzt tragen,
das ich allein tu klagen
dem liebsten Buhlen mein;
ach Lieb, nun lass mich Armen
im Herzen dein erbarmen,
dass ich muss ferne sein.

3. Mein Trost ob allen Weiben,
dein tu ich ewig bleiben,
stet, treu, der Ehren fromm.
Nun muss dich Gott bewahren,
in aller Tugend sparen,
bis dass ich wiederkomm.

I tua wohl

Volkslied aus Kärnten

K. P.

2. Is ma allweil so schwar,
wann a Standle drin war',
und i wissat wohl wen,
‖: der mir's außa kunnt' nehm'. :‖
Lalala, lalala, lalala, lalala, lala.
I wissat wohl wen,
der mir's außa kunnt' nehm'.

3. Is ma allweil so schwar,
wann a Schlössle dran war',
und an anziga Bua
hat'n Schlüss'1 dazua.
Lalala …
An anziga Bua
hat'n Schlüssel dazua.

Jetzt fängt das schöne Frühjahr an

2. Es blühen Blümlein auf dem Feld,
sie blühen weiß, blau, rot und gelb,
es gibt nichts Schöner's auf der Welt.

3. Jetzt geh ich über Berg und Tal,
da hört man schon die Nachtigall
auf grüner Heid' und überall.

Dieses Lied steht 1855 in der Sammlung *Fränkische Volkslieder* von Franz Wilhelm von Dithfurt (1801–1880). Von seinem vermutlich unterfränkischen Ursprung her scheint es sich ziemlich früh – wahrscheinlich im 17. oder 18. Jahrhundert – weit verbreitet zu haben. Es wird in anderen Quellen auch als »rheinländisch« aufgeführt.

Jetzt gang i ans Brünnele

2. ‖: Do lass' i meine Äugele
um und um gehn. :‖
‖: Do sieh'n i mein' herztausige Schatz
bei'm en andre stehn. :‖

3. ‖: Und bei'm en andre stehe seh',
ach' des tut weh! :‖
‖: Jetzt b'hüt di Gott, herztausiger Schatz,
di b'sieh'n i nimme' meh. :‖

4. ‖: Jetzt kauf i mir Dinten und
Fed'r und Papier :‖
‖: und schreib mei'm herztausige Schatz
einen Abschiedsbrief. :‖

5. ‖: Jetzt leg i mi nieder aufs Heu
und aufs Moos, :‖
‖: do fallet mir drei Rösele
nieder in mein' Schoß. :‖

6. ‖: Und diese drei Rösele
die sind so rot; :‖
‖: jetzt weiß i net: lebt mei Schatz,
oder ist er tot? :‖

Der Ursprung dieses Liedes dürfte zwischen Schwaben und Hessen liegen. Es soll um 1780 in Dreieichenhain (Hessen) bekannt gewesen sein. Die Sammlung *Des Knaben Wunderhorn* (1805–1808) bringt eine leicht veränderte Textform »vom Neckarstrand«; so erweckte es Goethes Begeisterung. Dann publizierte Wilhelm Hauff es in *Kriegs- und Soldatenlieder*, Stuttgart 1824. Die heutige Form erhielt es, wie so viele Volkslieder, durch Friedrich Silcher 1826, der es in Schorndorf im Remstal gehört hat.

Jetzt kommen die lustigen Tage

F. Z.

2. Und morgen, da müssen wir wandern,
Schätzel, ade,
und küssest du gleich einen andern,
wenn ich es nur nicht seh.
Und seh ich's im Traum,
so bild ich mir halt ein:
ach, es ist ja nicht wahr,
es kann ja gar nicht sein.
Schätzel, ade, ade, Schätzel, ade!

3. Und kehr ich dann einstmals wieder,
Schätzel, ade,
so sing ich die alten Lieder,
vorbei ist all mein Weh.
Und bist du mir dann
wie einstmals im Mai,
so bleib ich bei dir
auf ewige Treu'.
Schätzel, ade, ade, Schätzel, ade.

Jetzt kommt die fröhliche Sommerszeit

2. Die Wiese blühet in tiefem Grün
und Blumen leuchten bunt am Hage.
Die Luft ist voll von Klang,
von lerchenfrohem Sang,
und schnell vergehen uns die Tage.

3. Solang die warme Sonne scheint
und voll von Sternen glühet blau die Nacht,
so lange tanzen wir,
so lange singen wir
des Sommers wunderhelle Märchenpracht.

137

Jetzt kommt die Zeit

2. Wenn ich gleich wiederkommen tu,
mein Schatz, was nützt es dich?
Ein' Weil' will ich dich lieben,
aber heiraten tu ich dich nicht!

3. Sind auch die Äpflein außen rot,
sind schwarze Kernlein drin,
und wenn ein Knab geboren ward,
hat er schon einen falschen Sinn!

Die vorhandenen Quellen dieses Liedes weisen ins 19. Jahrhundert und mit vielen Varianten in verschiedenste Regionen: unter anderem in die Gegend um Hanau, nach Schlesien (1845), Brandenburg, Sachsen, in den Odenwald, in die Region von Limburg und Wetzlar. Die Texte zeigen große Unterschiede in der Formulierung und enthalten zwischen drei und neun Strophen, was oft starke Veränderungen des Sinns ergibt.

Kein Feuer, keine Kohle

2. Kein' Rose, keine Nelke
kann blühen so schön,
als wenn zwei verliebte Seelen
zueinander tun stehn,
zueinander tun stehn.

3. Setz du mir einen Spiegel
ins Herze hinein,
damit du kannst sehen,
wie so treu ich es mein',
wie so treu ich es mein'.

Teile des Textes zu diesem Lied sind 1786 und 1791 auf Fliegenden Blättern in Schlesien nachweisbar; sie gehörten zu einem Lied *Ein Schäfer trägt Sorgen*. Der gesamte Text wurde mit der wahrscheinlich schon älteren Melodie 1807 in die *Sammlung deutscher Volkslieder* von Büsching und von der Hagen aufgenommen, die in Berlin erschien.

Kein schöner' Land in dieser Zeit

Die beiden letzten Achtel der Melodie im vorletzten Takt werden oft gedehnt –
wie mit Fermaten oder doppelten Notenwerten – gesungen.

2. Da haben wir so manche Stund
gesessen da in froher Rund
 ‖: und taten singen,
die Lieder klingen
im Talesgrund. :‖

3. Dass wir uns hier in diesem Tal
noch treffen so viel hundertmal,
 ‖: Gott mag es schenken,
Gott mag es lenken,
er hat die Gnad. :‖

4. Jetzt Brüder, eine gute Nacht!
Der Herr im hohen Himmel wacht!
 ‖: In seiner Güte
uns zu behüten,
ist er bedacht. :‖

Text und Weise dieses überaus volkstümlich gewordenen Liedes sind
wahrscheinlich Schöpfungen von Zuccalmaglio, dem in der Re-
naissance des deutschen Volksliedes im 19. Jahrhundert eine so
bedeutende Rolle zukam. Die Verse scheinen frei erfunden zu sein,
für die Melodie hat es Vorbilder gegeben: das Lied *Ade, mein Schatz,
und ich muss fort*, das sich 1807 in der Sammlung von Büsching
und von der Hagen findet, sowie die Weise zu *Ich kann und mag*

nimmer fröhlich sein, die 1839 bei Ludwig Erk publiziert ist. 1840 veröffentlichte dann Zuccalmaglio Dichtung und Musik gemeinsam in seiner Sammlung *Deutsche Volkslieder*, die in Berlin erschien. Da es zu jener Zeit noch keine wissenschaftlichen Kriterien zur Bestimmung von Volksliedern gab, mischten sich traditionelle, oft schon jahrhundertealte Gesänge mit Neuschöpfungen – zumeist des Herausgebers selbst –, wobei das »Volk« eben erst nachher seinen Urteilsspruch über die Lebensfähigkeit eines Liedes abgeben konnte, spätere Forschungen aber oft erschwert wurden.

Klinge lieblich, klinge sacht

2. Klinge lieblich, klinge sacht,
klinge leise durch die Nacht.
Wacht es, so sing es fein
sanft in den Schlaf hinein,
leis in der Nacht.

3. Klinge lieblich, klinge sacht,
klinge leise durch die Nacht.
Schläft es, so töne fein
zart in den Traum hinein,
leis in der Nacht.

Die erste Zeile aller drei Strophen wird oft auch so gesungen: *Klinge lieblich und sacht, kling leis'…*, wodurch sich im ersten und dritten (vollständigen) Takt dann Melodiebindungen ergeben: *lieb-lich*, sowie *leis'–*. Die 2. und 3. Strophe wurden von Max Kalbeck, dem

Wiener Musikschriftsteller und Opernübersetzer (1850–1921), hinzugedichtet. – Häufig werden die ersten vier Takte des Liedes wiederholt.

Kommt, ihr G'spielen

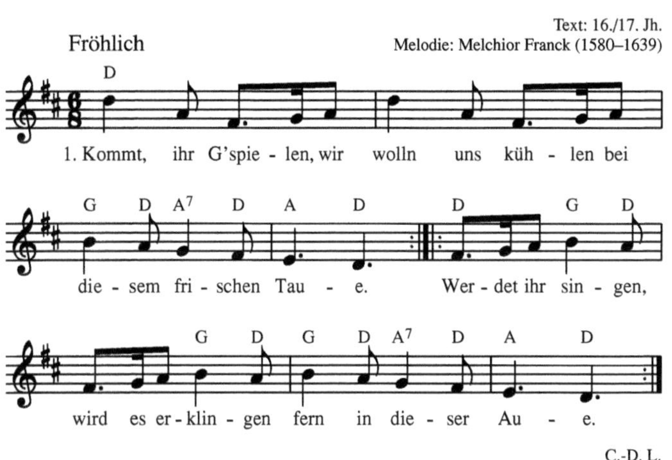

2. Hört, ihr G'sellen,
die Hündlein bellen,
was wollen wir beginnen:
Lasset uns kriegen,
lasset uns siegen,
Sommerlust gewinnen.

3. Auf, ihr Brüder,
singt hoch und nieder,
den Sommer zu gewinnen!
Ist es nicht Schande
weit in dem Lande,
wenn wir uns besinnen?

Für dieses Lied, das schon im 16. Jahrhundert in Deutschland bekannt war, gibt es mehrere Quellen: einen niederländischen Hochzeitsgesang, eine schon 1537 bekannte altenglische Melodie (*The hunt is up*), eine Weise, die in Shakespeares *As you like it* (1599) eingelegt war, usw. Am 16. Juni 1630 wurde in Coburg das Singspiel *Von dem erlösten Jerusalem* aufgeführt; die Musik stammte von Melchior Franck. Hier kommt das Lied dann annähernd in der Form vor, wie es heute im Volksmund noch immer gern gesungen wird. Es hat viel von seinem mittelalterlichen Tanzrhythmus beibehalten.

Kumme, kum, Geselle min

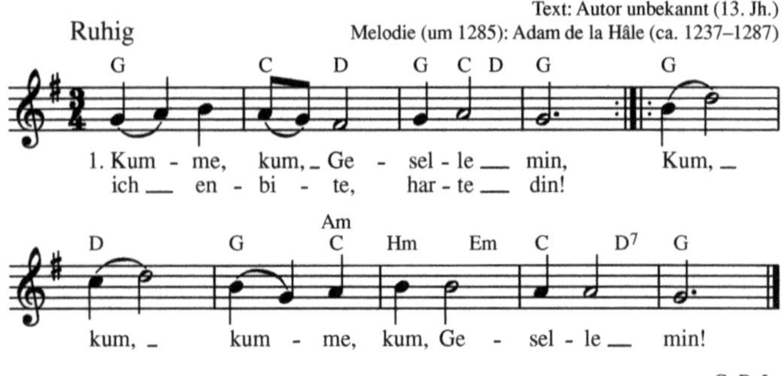

2. Süßer, rosenvarwer Munt,
kum unt mache mich gesunt.
Kum, kum, kum unt mache mich gesunt!

Sinngemäße Übertragung der 1. Strophe:

Komm, komm, Geselle mein,
ich harrte deiner sehnlich.

Diese Worte stammen aus den *Carmina Burana*, einer im Kloster
Benediktbeuern gefundenen Handschrift; sie wurden im 13. Jahrhundert von unbekannter Hand geschrieben (und zum Teil 1937 von
Carl Orff meisterhaft vertont). Die Weise wird Adam de la Hâle zugeschrieben, dem »letzten Troubadour« (wie er selbst sich gern nannte) oder dem »Buckligen von Arras« (wie ihn die Welt nannte). Er
hat viele Lieder und auch ein kleines Liederspiel komponiert. Ob
die Melodie zu ihrer Entstehungszeit instrumental begleitet wurde
und wie, das ist kaum zu sagen.

Liebchen, ade
(Winter, ade)

2. Liebchen, ade!
Scheiden tut weh.
Wahre der Liebe dein,
stets will ich treu dir sein!
Liebchen, ade!
Scheiden tut weh.

3. Liebchen, ade!
Scheiden tut weh.
Wein nicht die Äuglein rot,
trennt uns ja selbst kein Tod!
Liebchen, ade!
Scheiden tut weh.

oder auch:

1. Winter, ade!
Scheiden tut weh.
Aber dein Scheiden macht,
dass mir das Herze lacht!
Winter, ade!
Scheiden tut weh.

2. Winter, ade!
Scheiden tut weh.
Gerne vergess ich dein,
kannst immer ferne sein!
Winter, ade!
Scheiden tut weh.

3. Winter, ade!
Scheiden tut weh.
Gehst du nicht bald nach Haus,
lacht dich der Kuckuck aus.
Winter, ade!
Scheiden tut weh.

Dieses Liebeslied vom Anfang des 19. Jahrhunderts, dessen 2. und 3. Strophe Otmar Schönhut 1831 dichtete, gestaltete 1835 Heinrich Hoffmann von Fallersleben (1798–1874) zu »Winter ade« um, einem

der meistgesungenen Kinderlieder, wobei er die Melodie völlig un-
verändert übernahm.

Lueget, vo Berge-n- und Tal

Text (um 1823): Josef Anton Henne
Melodie (um 1830): Ferdinand Huber (zum Schweizer Volkslied geworden)

Beschaulich

H. S.

¹ schaut   ² steht   ³ sind

2. Lueget do abe-n- a See!
Heimetzue wendet si 's Veh⁴;
loset⁵, wie d'Glogge⁶, di schöne,
fründlig⁷ im Moos is ertöne.
Chüejerglüt⁸, üseri⁹ Lust,
‖: tuet is so wohl i der Brust! :‖

3. Still a de Berge wird's Nacht,
aber der Herrgott, dä wacht.
Gseht er sälb¹⁰ Sternli dört schine¹¹?
Sternli, wie bisch du so frine¹²!
Gseht er, am Nebel dört stoht's¹³!
‖: Sternli, Gott grüeß di, wie goht's¹⁴? :‖

⁴ heimwärts wendet sich das Vieh
⁵ hört
⁶ Glocke
⁷ freundlich
⁸ Kuhglocken-Geläute
⁹ unsere

¹⁰ jenes
¹¹ scheinen
¹² hell, klar (auch offenherzig, gerad)
¹³ steht es
¹⁴ geht es

4. Loset, es seit is[15]: »Gar guet.
Het mi nit Gott i der Huet[16]?
Frili[17], der Vater vo-n- alle
loht[18] mi gwüss währli[19] nit falle.
Vater im Himmel, dä wacht.«
𝄆 Sternli, liebs Sternli, guet Nacht! 𝄇

[15] sagt uns
[16] Hut, Schutz
[17] freilich
[18] lässt
[19] wahrlich

Lustig ist das Zigeunerleben

2. Sollt uns einmal der Hunger plagen,
tun wir uns ein Hirschlein jagen.
Hirschlein, nimm dich wohl in Acht,
wenn des Jägers Büchse kracht.

3. Sollt uns einmal der Durst sehr quälen,
gehn wir hin zu Waldesquellen,
trinken das Wasser wie Moselwein,
meinen, es müsste Champagner sein.

4. Wenn wir auch kein Federbett haben,
tun wir uns ein Loch ausgraben,
legen Moos und Reisig 'nein,
das soll unser Federbett sein.

Wieso ein während des 19. Jahrhunderts im gesamten deutschsprachigen Raum viel gesungenes Lied in seiner Anfangszeile versichern kann, das Zigeunerleben sei »lustig«, erscheint uns heute unverständlich. Die Geschichte dieses wahrscheinlich aus dem Norden Indiens stammenden Volkes dürfte seit seiner Einwanderung in viele europäische Länder eine einzige Kette von Misstrauen, Demütigungen, sozialer Ächtung, Unterdrückung gewesen sein, die bis zur massenweisen Ausrottung im nationalsozialistischen Regime führte. Öffentliches Wohlwollen, ja Bewunderung fand beinahe immer nur das auffallende musikalische Talent der »Zigeuner«, das in unzähligen kleinen Orchestern äußerste Virtuosität erlangt – in Liedern und Tänzen allerdings, die nicht unbedingt »zigeunerischen« Ursprungs sind, sondern sehr stark von den Gastländern beeinflusst wurden, in denen dieses Volk kürzer oder länger Aufenthalt fand: Spanien, Rumänien, Ungarn, Polen, Mitteleuropa usw. So wie gegenwärtig das Wort »Neger« außer Gebrauch gekommen ist und durch »Schwarze« vertreten wird, ist auch das Wort »Zigeuner« kaum noch gebräuchlich und wird zumeist durch nähere Bezeichnung von dessen Stämmen »Roma, Sinti, Jenische« ersetzt.

Mädle ruck, ruck, ruck

H. S.

2. ‖: Mädle guck, guck, guck in meine schwarze Auge,
du kannst dei lieblichst Bildle da drinne schaue! :‖
Guck no recht drei nei,
du musst drinne sei,
bist du drinne z'Haus,
kommst du nimme raus!
Mädle guck, guck, guck …

148

3. ‖: Mädle du, du, du musst mir den Trauring gebe,
denn sonst liegt mir ja nix mehr an meim Lebe. :‖
Wenn i di net krieg,
gang i fort in' Krieg,
wenn i di net hab,
is mir d' Welt a Grab!
Mädle du, du, du …

Maienzeit bannet Leid

Text: Neidhardt von Reuenthal (ca. 1180–ca. 1240)
Melodie: Autor unbekannt

H. S.

2. Winter kalt, ungestalt, dein' Gewalt ist gestalt'
von dem frohen Sang und süßen Klingen.
In dem Hain Vögelein singen drein süß und fein,
loben alle Gott mit lautem Singen.
Ihm zum Preis ist ihr Weis' viel erklungen.
Durch den Wald mannigfalt' Sang erschallt, dass es hallt:
Wahrlich, besser ward er nie besungen.

Der Text wird dem großen Minnesänger Neidhardt von Reuenthal zugeschrieben. Die Melodie scheint sogar noch älter zu sein. Sie ist durchweg pentatonisch (auf einer Fünftonleiter aufgebaut) und könnte auf ein altes Reigenlied aus dem 11. Jahrhundert zurückgehen. Ob Neidhardt den Text auf diese Melodie gesungen hat, ist nicht belegt. Möglicherweise sind Text und Melodie später zusammengefügt worden, weil sie melodierhythmisch zusammenpassen.

Mei Mutter mag mi net

2. Gestern is Kirchweih g'we,
mich hat mer g'wiss net g'seh;
‖: denn mir is gar so weh.
I tanz' ja net. :‖

3. Lasst die drei Rösle stehn,
die dort am Kreuzle blühn!
‖: Hent ihr das Mädle kennt,
das drunter liegt? :‖

Die Melodie dieses Liedes erscheint um 1830 in Schwaben. Damals hatte es eine erste Strophe: *Wenn ich zum Brünnle geh*, die später weggelassen wird, so dass die ursprüngliche zweite (*Mei Mutter mag mi net*) zum Liedanfang wird. In dieser Form findet sich das Lied erstmals 1841.

150

Mein Mädel hat einen Rosenmund

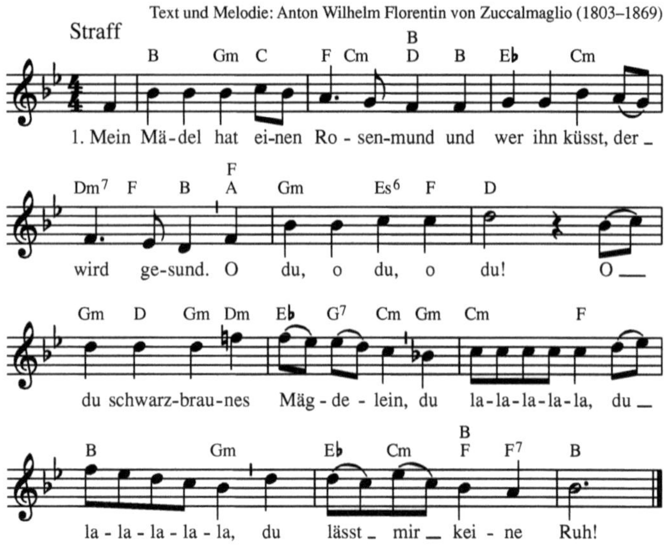

H. S.

2. Die Wangen sind wie Morgenröt',
wie sie steht überm Winterschnee.
O du, o du, o du!
O du schwarzbraunes Mägdelein …

3. Dein' Augen sind wie die Nacht so schwarz,
wenn nur zwei Sternlein funkeln drin.

4. Du Mädel bist wie der Himmel gut,
wenn er über uns blau sich wölben tut.

Text und Melodie dieses Liedes stammen zwar von Zuccalmaglio aus dem Jahre 1840, aber beide weisen ältere Vorbilder auf. Die Dichtung geht auf ein bergisches Volkslied vom Anfang des 19. Jahrhunderts zurück, die Melodie auf mehrere Volksweisen aus Hessen-Nassau und Böhmen zu etwa derselben Zeit. Johannes Brahms nahm das Lied in seine Sammlung deutscher Volkslieder auf.

Mit dem Pfeil, dem Bogen

Text: Friedrich Schiller (1759–1805)
Melodie: Bernhard Anselm Weber (1766–1821)

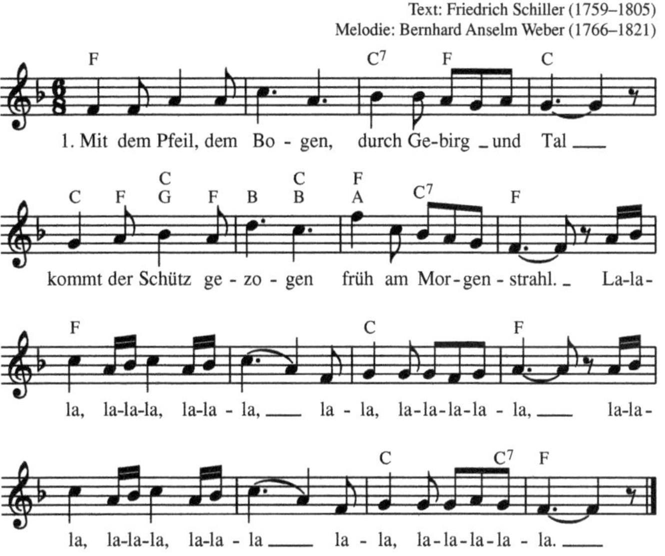

H. S.

2. Wie im Reich der Lüfte
König ist der Weih[1],
so im Reich der Klüfte
herrscht der Schütze frei.
Lalala …

3. Ihm gehört das Weite:
Was sein Pfeil erreicht,
das ist seine Beute,
was da kreucht und fleucht.

[1] Raubvogel

Der Text dieses Liedes kommt in Friedrich Schillers Drama *Wilhelm Tell* (1803) vor. Für die Berliner Aufführung des Stückes im Jahre 1804 schrieb der dortige Hofkomponist Bernhard Anselm Weber die Bühnenmusik, darunter auch die zum Volkslied gewordene Melodie zu *Mit dem Pfeil, dem Bogen*.

Morgen muss ich fort von hier

K. P.

2. Wenn zwei gute Freunde sind,
die einander kennen,
Sonn' und Mond bewegen sich,
ehe sie sich trennen.
Noch viel größer ist der Schmerz,
wenn ein treu geliebtes Herz
|: in die Fremde ziehet. :|

3. Küsset dir ein Lüftelein
Wangen oder Hände,
denke, dass es Seufzer sei'n,
die ich zu dir sende;
tausend schick ich täglich aus,
die da wehen um dein Haus,
|: weil ich dein gedenke. :|

Den Text zu diesem Lied veröffentlichte Achim von Arnim in seiner gemeinsam mit Clemens Brentano (1778–1842) herausgegebenen großen Liedersammlung *Des Knaben Wunderhorn* im Jahre 1808; er hat ihn dem alten Volkslied *Nun so reis' ich* (vom Ende des 17. Jahrhunderts) nachgebildet. Friedrich Silcher, dem Hunderte von romantischen, zum Volkslied gewordenen Melodien zu danken sind, vertonte das Gedicht im Jahre 1831.

Muss i denn, muss i denn zum Städtele hinaus

2. ‖: Wie du weinst, :‖ dass i ‖: wandere muss, :‖
wie wenn d'Lieb' jetzt wär vorbei,
‖: sind au drauß :‖ der ‖: Mädele viel, :‖
lieber Schatz, i bleib dir treu.
Denk du net, wenn i en andre seh,
so sei mein' Lieb vorbei;
‖: sind au drauß :‖ der ‖: Mädele viel, :‖
lieber Schatz, i bleib dir treu!

3. ⁞ Übers Jahr, ⁞ wenn me ⁞ Träubele schneid't, ⁞
stell i hier mi wiedrum ein,
⁞ bin i dann ⁞ dein ⁞ Schätzele noch, ⁞
so soll die Hochzeit sein.
Übers Jahr, da ist mein' Zeit vorbei,
da gehör i mein und dein,
⁞ bin i dann ⁞ dein ⁞ Schätzele noch, ⁞
so soll die Hochzeit sein!

Dieses Lied dürfte aus dem 18. Jahrhundert stammen; damals sang man im Odenwald *Muss ich dann zu dem Dörflein hinaus*. Friedrich Silcher (1789–1860) wählte das Lied 1824 zur Aufnahme in seine Sammlung volkstümlicher Weisen. Er bat Heinrich Wagner, zwei weitere Strophen dazu zu dichten, und nahm es dann, auch sprachlich ganz in Schwaben geortet, als Nummer 12 in sein Opus 8 auf. Es gehört seit damals, mit kleinen Textvarianten in der ersten Strophe, zu den meistgesungenen Volksliedern Deutschlands.

Nach Süden nun sich lenken
(Wanderlied der Prager Studenten)

Text: Joseph Freiherr von Eichendorff (1788–1857)
Melodie: 1. Teil nach *Pour aller à la chasse*, 2. Teil vor 1847 bekannt

F. Z.

¹ Abschied, Lebewohl
² und seinen Frieden habe, wer hinterm Ofen sitzt

2. Nachts wir durchs Städtlein schweifen,
die Fenster schimmern weit,
am Fenster drehn und schleifen
viel' schön geputzte Leut'.
Wir blasen vor den Türen
und haben Durst genug;
das kommt vom Musizieren;
Herr Wirt, ein' frischen Trunk!
Und siehe, über ein kleines
mit einer Kanne Weines
venit ex sua domo
beatus ille homo[3].

3. Nun weht schon durch die Wälder
der kalte Boreas[4];
wir streichen durch die Felder,
von Schnee und Regen nass;
der Mantel fliegt im Winde,
zerrissen sind die Schuh,
da blasen wir geschwinde
und singen noch dazu:
Beatus ille homo,
qui sedet in sua domo
et sedet post fornacem
et habet bonam pacem[5]!

[3] kommt aus seiner Behausung jener glückliche Mann
[4] Nordwind
[5] glücklich zu preisen jener Mensch, der in seiner Behausung hinterm Ofen sitzt und
     guten Frieden hat

Die Geschichte dieses Liedes ist seltsam und verworren. Der erste
Teil der Melodie (im $6/8$-Takt) ist einem französischen Jagdlied aus
dem 18. Jahrhundert nachgebildet (*Pour aller à la chasse – Um auf
die Jagd zu gehen*), zu dem Gottfried Benjamin Hanke 1724 den
deutschen Text *Auf, auf zum fröhlichen Jagen* schuf. (Zum Volkslied
wurde dieser Text mit der auf S. 31 unserer Sammlung abgedruckten Melodie.) Um 1847 fügte die Prager (deutsche) Studentenschaft
einen neuen Melodieteil hinzu und sang das Ganze auf den hier wiedergegebenen Text aus Eichendorffs *Aus dem Leben eines Tauge-
nichts*. So wurde das Lied als Wanderlied der Prager Studenten populär. Eichendorff hatte in Halle und Heidelberg Jura studiert und dürfte diesen Text als Student geschrieben haben. Zu Beginn unseres
Jahrhunderts gab es in der damals aufkommenden Wandervogel-
Bewegung einen Erkennungspfiff, der aus den ersten Takten dieses
Studentenliedes gebildet war.

Nun ade, du mein lieb' Heimatland

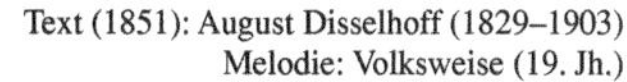

2. Wie du lachst mit deines Himmels Blau,
lieb' Heimatland, ade!
Wie du grüßest mich mit Feld und Au,
lieb' Heimatland, ade!
Gott weiß, zu dir steht stets mein Sinn,
doch jetzt zur Ferne zieht's mich hin,
lieb' Heimatland, ade!

3. Begleitest mich, du lieber Fluss,
lieb' Heimatland, ade!
Bist traurig, daß ich wandern muss,
lieb' Heimatland, ade!
Vom moos'gen Stein am wald'gen Tal,
da grüß ich dich zum letzten Mal,
lieb' Heimatland, ade!

Nun will der Lenz uns grüßen

Text: nach einem Gedicht aus dem 13. Jh.
(von Neidhardt von Reuenthal?)/Melodie: 17. Jh. (?)

K. P.

2. Waldvöglein Lieder singen,
wie ihr sie nur begehrt,
drum auf zum frohen Springen,
die Reis' ist Goldes wert.
Hei, unter grünen Linden,
da leuchten weiße Kleid'!
Heija, nun hat uns Kinden
ein End all Wintersleid.

Nun wollen wir singen das Abendlied

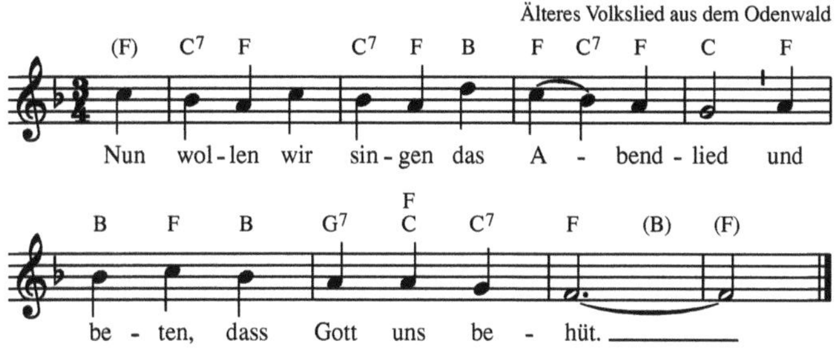

2. Es weinen viel' Augen wohl jegliche Nacht,
bis morgens die Sonne erwacht.

3. Es wandern viel Sternlein am Himmelsrund,
wer sagt ihnen Fahrweg und Stund?

4. Dass Gott uns behüt, bis die Nacht vergeht,
kommt, singet das Abendgebet.

O alte Burschenherrlichkeit

Studentenlied aus Berlin/Text: Eugen Höfling (?)/
Melodie: Studentenlied aus Tübingen

F. Z.

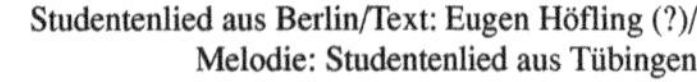

[1] Lateinisch (wörtlich): O welche Veränderung der Dinge!

2. Den Burschenhut bedeckt der Staub,
es sank der Flaus[2] in Trümmer,
der Schläger ward des Rostes Raub,
erblichen ist sein Schimmer.
Verklungen der Kommersgesang,
verhallt Rapier- und Sporenklang.
O jerum …

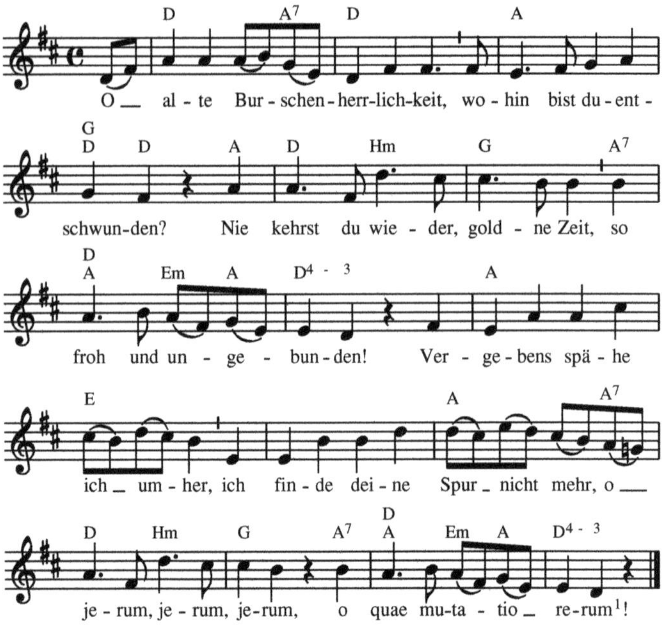

[2] Kommersjacke aus weichem, haarigem Wollstoff, die von Studenten seit ca. 1830 während der Kneipen im Korporationsleben, aber auch als Alltagskleidung im Sommer wie im Winter gern getragen wurde.

3. Wo sind die, die vom breiten Stein
nicht wankten und nicht wichen,
die ohne Moos bei Scherz und Wein
den Herrn der Erde glichen?
Sie zogen mit gesenktem Blick
in das Philisterland zurück.
O jerum …

4. Da schreibt mit finsterm Amtsgesicht
der eine Relationen,
der andre seufzt beim Unterricht,
und der macht Rezensionen;
der schilt die sünd'ge Seele aus,
und der flickt ihr verfallnes Haus.
O jerum …

5. Allein, das rechte Burschenherz
kann nimmermehr erkalten,
im Ernste wird, wie hier im Scherz,
der rechte Sinn stets walten;
die alte Schale nur ist fern,
geblieben ist uns doch der Kern,
: und den lasst fest uns halten. :

6. Drum, Freunde, reichet euch die Hand,
damit es sich erneue,
der alten Freundschaft heil'ges Band,
das alte Band der Treue.
Stoßt an und hebt die Gläser hoch,
die alten Burschen leben noch,
: noch lebt die alte Treue. :

Dieses bekannteste aller deutschen Studentenlieder dürfte erstmals um 1825 in Berlin aufgetaucht sein. Der Text wird Eugen Höfling zugeschrieben. Mit der später und auch heute noch gesungenen Melodie scheint das Lied sich von Tübingen aus um 1842 verbreitet zu haben.

O du lieber Augustin

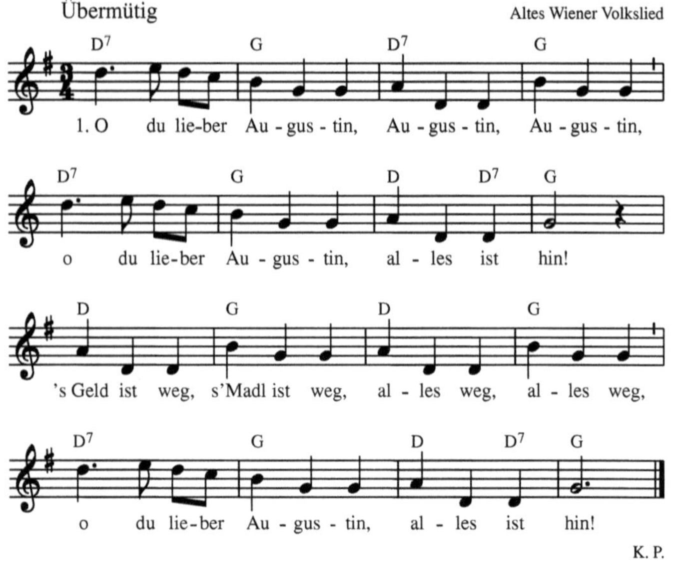

Weitere Strophen, wie sie zu diesem Lied gesungen werden:

O du lieber Augustin,
's Geld ist hin, 's Madl ist hin,
o du lieber Augustin,
alles ist hin!
's Geld ist weg, 's Madl ist weg,
Augustin liegt im Dreck,
o du lieber Augustin,
alles ist hin!

O du lieber Augustin,
's Geld ist hin, 's Madl ist hin,
o du lieber Augustin,
alles ist hin!
Wollt' noch vom Geld nix sag'n,
hätt i nur's Madl beim Krag'n,
o du lieber Augustin,
alles ist hin!

Man nimmt an, dies sei ein Lied aus dem 17. Jahrhundert – oder soll
man es einen Gassenhauer nennen? Es stammt wohl aus Wien, wo
die Pest besonders wütete und 1678 einen fahrenden Spielmann und
Bänkelsänger tötete, den man »den lieben Augustin« nannte. Um
1800 scheint das Lied so populär gewesen zu sein, dass eine Reihe
von damals namhaften Komponisten die Tanzweise als Thema für
Variationen verwendete. Das Lied fand Eingang in Singspiele und

Theaterstücke und erfreut sich noch heute einer fast sprichwörtli-
chen Beliebtheit im ganzen deutschen Sprachgebiet.

O du liebs Ängeli

2. O du liebs Ängeli,
Rosmarinstängeli,
alliwil, alliwil
denk i an di!
Zittre net eso, tue net eso,
ds Hüsli fallt hüet net um,
zittre net eso, tue net eso,
ds Hüsli fallt net um.

Rosestock, Holderblüh

2. G'sichterl wie Milch und Blut,
's Dirndl is gar so gut,
um und um dockerlnett,
wenn i's no hätt'!
Lalala …

3. Armerl so kugelrund,
Lippen so frisch und g'sund,
Füßerl so hurtig g'schwind,
tanzt wie der Wind.

4. Wenn i ins dunkelblau',
funkelhell' Augerl schau,
mein' i, i schau in mei
Himmelreich nei.

Dieses Lied wurde 1812 von Friedrich Silcher (1789–1860) nach
Quellen aus dem 18. Jahrhundert bearbeitet.

Sah ein Knab' ein Röslein stehn
(Heidenröslein)

Text: Johann Wolfgang von Goethe (1749–1832)
Melodie: Heinrich Werner (1800–1833)

K. P.

2. Knabe sprach: »Ich breche dich,
Röslein auf der Heiden!«
Röslein sprach: »Ich steche dich,
dass du ewig denkst an mich,
und ich will's nicht leiden!«
Röslein, Röslein …

3. Und der wilde Knabe brach
's Röslein auf der Heiden;
Röslein wehrte sich und stach,
half ihm doch kein Weh und Ach,
musst' es eben leiden!
Röslein, Röslein …

Den Text dieses Liedes entwarf Goethe im Jahre 1771 – mit 22 Jahren –, angeregt durch das damals viel gesungene Volkslied *Sie gleicht wohl einem Rosenstock, Röslein auf der Haiden*, das er in dem 1602 in Deventer durch Paul von der Aelst herausgegebenen Liederbuch fand. Er gab ihm 1789 unter dem Titel *Haidenröslein* die endgültige, so berühmt gewordene Form. Sein Gedicht wurde unzählige Male vertont, so von dem seinerzeit sehr namhaften Johann Friedrich Reichhardt (1752–1814), von Franz Schubert (1797–1828) sowie von Heinrich Werner, Musiklehrer und Chordirigent in Braunschweig. Dieser veröffentlichte sein 1827 geschaffenes Lied zwei Jahre später in der Sammlung *Arion* und führte es mit großem Erfolg im gleichen Jahre erstmals auf, erlebte aber seinen schnellen Aufstieg zum Volkslied nicht mehr. Hier, wie bei manchen anderen Liedern (z. B. *Das Wandern ist des Müllers Lust*), ergab sich, dass »das Volk« die Weise eines unbekannten Komponisten der eines großen Meisters vorzog.

Schäfer, sag, wo tust du weiden

2. »Schäfer, sag, wann fährst im Klee?«
»Wann ich keinen Bauern seh.
Wann ich keinen Bauern seh,
fahr ich hurtig in den Klee.
Und ich sag: Es bleibt dabei,
lustig ist die Schäferei.«

3. »Schäfer, sag, was willst du essen?«
»Saure Würst' und span'schen Pfeffer.
Saure Würst' und span'schen Pfeffer
tun die lust'gen Schäfer essen.
Und ich sag …«

4. »Schäfer, sag, was willst du trinken?«
»Roten Wein und Zucker drinnen.
Roten Wein und Zucker drinnen
tun die lust'gen Schäfer trinken.«

5. »Schäfer, sag, wo tust du tanzen?«
»Im Wirtshaus bei den Musikanten.
Im Wirtshaus bei den Musikanten
tun die lust'gen Schäfer tanzen.«

6. »Schäfer, sag, wo tust du schlafen?«
»Draußen im Pferch bei meinen Schafen.
Draußen im Pferch bei ihren Schafen
tun die lust'gen Schäfer schlafen.«

Von diesem Lied haben sich keine alten Quellen gefunden. Die früheste stammt aus dem Jahre 1843 aus der Region der Bergstraße, allerdings mit wesentlich anderer Melodie. Die heute allgemein gesungene scheint erst in der zweiten Hälfte des 19. Jahrhunderts aufgekommen zu sein. Von Anfang an war dies ein Lied, dessen Taktart in der Mitte von 3 zu 2 Vierteln wechselte und am Schluss zu 3 Vierteln zurückkehrte, eine nicht alltägliche Erscheinung unter den deutschen Volksliedern.

Schlaf, Herzenssöhnchen

Text: Franz Carl Hiemer (1768–1822)
Melodie: Carl Maria von Weber (1786–1826), op. 13/2

K. P.

2. Jetzt noch, mein Püppchen, ist goldene Zeit,
später, ach später ist's nimmer wie heut;
stellen einst Sorgen ums Lager sich her,
Herzchen, da schläft sich's so ruhig nicht mehr.

3. Engel vom Himmel, so lieblich wie du,
schweben ums Bettchen und lächeln dir zu.
Später zwar steigen sie auch noch herab,
aber sie trocknen nur Tränen dir ab.

4. Schlaf, Herzenssöhnchen, und kommt gleich die Nacht,
sitzt deine Mutter am Bettchen und wacht,
sei es so spät auch, und sei es so früh:
Mutterlieb', Herzchen, entschlummert doch nie.

Schön ist die Welt

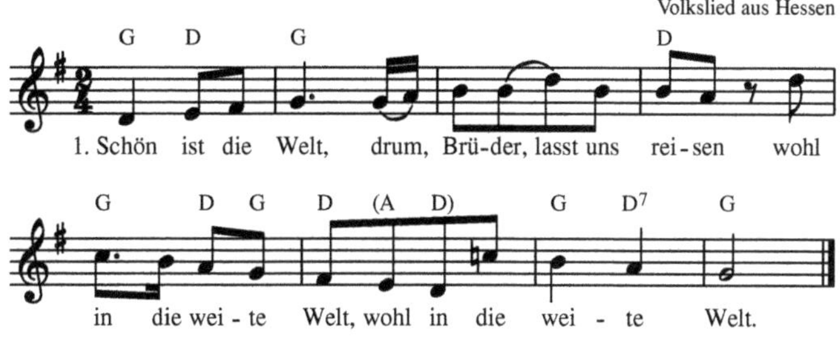

2. Wir sind nicht stolz,
wir brauchen keine Pferde,
𝄆 die uns von dannen ziehn. 𝄇

3. Wir steigen froh
auf Berge und auf Hügel,
𝄆 wo uns die Sonne grüßt. 𝄇

4. Wir laben uns
an jeder Felsenquelle,
𝄆 wo frisches Wasser fließt. 𝄇

5. Wir reisen fort,
von einer Stadt zur andern,
𝄆 wohin es uns gefällt. 𝄇

Schwesterlein, Schwesterlein

Volkslied vom Niederrhein
1838 von Anton Wilhelm Florentin von Zuccalmaglio (1803–1869)
textlich und musikalisch neu gefasst

F. Z.

2. »Schwesterlein, Schwesterlein?
wann gehn wir nach Haus?«
»Früh, wenn der Tag anbricht,
eh end't die Freude nicht,
Brüderlein, Brüderlein,
der fröhlich' Braus.«

3. »Schwesterlein, Schwesterlein,
wohl ist's an der Zeit!«
»Mein Liebster tanzt mit mir,
geh ich, tanzt er mit ihr,
Brüderlein, Brüderlein,
lass du mich heut!«

4. »Schwesterlein, Schwesterlein,
was bist du so blass?«
»Das macht der Morgenschein
auf meinen Wängelein,
Brüderlein, Brüderlein,
die vom Taue nass.«

5. »Schwesterlein, Schwesterlein,
du wankest so matt?«
»Suche die Kammertür,
suche mein Bettlein mir,
Brüderlein, es wird fein
unterm Rasen sein.«

Zuccalmaglio verwendete zu diesem Lied vielerlei ältere Texte und
Weisen, so *Brüderchen, ach Brüderchen* und *Lass doch der Jugend
ihren Lauf*. Es gelang ihm eines der ergreifendsten deutschen Volkslieder.

's isch äbe-n- e Mönsch uf Ärde

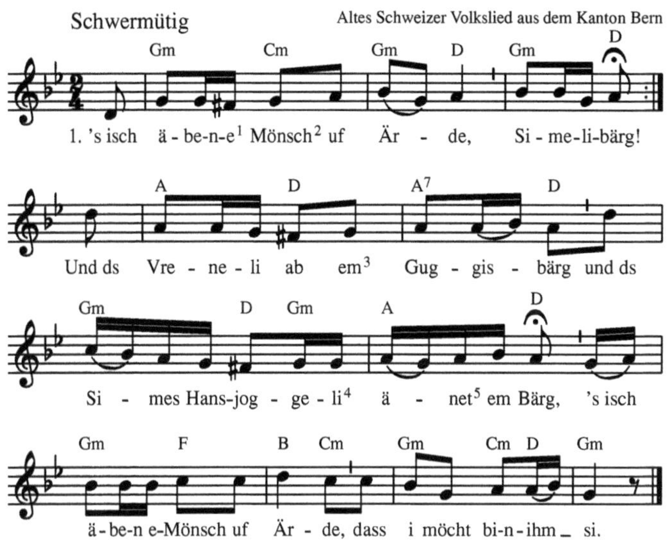

¹ eben ein
² Mensch
³ von dem, vom
⁴ Joggeli, Sohn von Simes
⁵ jenseits von

2. U mah-n- er mir nit wärde⁶,
Simelibärg!
Und ds Vreneli ab em Guggisbärg
und ds Simes Hansjoggeli änet em Bärg,
u mah-n- er mir nit wärde,
vor Chummer⁷ stirbe-n- i.

3. Dört unde-n- i der Tiefi,
Simelibärg!
Und ds Vreneli ab em Guggisbärg
und ds Simes Hansjoggeli änet em Bärg,
dört unde-n- i der Tiefi,
da steit⁸ es Mühlirad.

4. Das mahlet nüt als Liebi,
Simelibärg!
Un ds Vreneli ab em Guggisbärg
und ds Simes Hansjoggeli änet em Bärg,
das mahlet nüt als Liebi,
die Nacht und au de Tag.

5. Das Mühlirad isch broche⁹,
Simelibärg!
Und ds Vreneli ab em Guggisbärg
und ds Simes Hansjoggeli änet em Bärg,
das Mühlirad isch broche,
mis Lied, das hät es Änd'¹⁰.

⁶ wenn er nicht mein würde
⁷ Kummer
⁸ da steht
⁹ gebrochen, zerbrochen
¹⁰ Ende

Die ältesten Spuren dieses Liedes weisen auf einen Ursprung im Schweizer Kanton Bern um 1700 hin. Südlich von Schwarzenburg gibt es dort sowohl einen Berg wie eine Ortschaft Guggisberg; hingegen ist »Simelibärg« heute unbekannt. Der Text soll auf eine wahre Begebenheit zurückzuführen sein.

Stehn zwei Stern' am hohen Himmel

2. Ach, was wird mein Schätzchen denken,
weil ich bin so weit von ihr?
Weil ich bin …

3. Gerne wollt' ich zu ihr gehen,
wenn der Weg so weit nicht wär!
Wenn der Weg …

4. Gold und Silber, Edelsteine,
schönster Schatz, gelt, du bist mein!
Schönster Schatz …

Über die Heide geht mein Gedenken

2. Über die Heide flogen die Schwalben,
du kleines Mädchen, sie grüßten mich von dir.
Über die Heide brausten die Stürme,
du kleines Mädchen, als Antwort von mir.

3. Über die Heide rieseln die Flocken,
du kleines Mädchen, und alles hüllt der Schnee.
Über die Heide ging einst mein Hoffen,
du kleines Mädchen, ade, ade.

Gegen Ende der zwanziger Jahre kam in Wien die vorstehende Melodie zu einem der *Heidelieder* des berühmten (Lüneburger) »Heidedichters« Hermann Löns (gefallen 1914 im Ersten Weltkrieg) auf. Der Herausgeber dieser Sammlung zeichnete sie auf und gab sie mit eigener Bearbeitung in einem Notenblatt für Jugendchöre heraus, das jedoch kaum noch auffindbar ist. So wird dieses Lied wahrscheinlich hier erstmals einer größeren Öffentlichkeit bekannt gemacht und der Name des seither verschollenen Komponisten erhalten, von dem sonst nichts überliefert ist; er dürfte um 1910 geboren sein. Auch Fritz Jöde (1887–1970) hat diesen Text vertont (*Der kleine Rosengarten*, Jena 1925). Dort, wie auch im Originaltext, wird das »kleine Mädchen« namentlich als »Annemarie« angeredet.

Uf'm Bergli bin i g'sässe

[1] sie haben

2. In ä Garte bin i g'stande,
ha de Immli[2] zugeschaut,
‖: hänt gebrummet, hänt gesummet,
hänt Zelli gebaut. :‖

3. Uf de Wiese bin i gange,
lueg[3] die Summervögle[4] an,
‖: hänt gesunge, hänt gefloge,
gar z'schön hänt's getan. :‖

4. Un da kummt nu der Hansel
un da zeig ich em froh,
‖: wie sie's mache und mer[5] lache
und mache's au so. :‖

[2] die Bienen
[3] anschauen
[4] Schmetterlinge
[5] wir

Goethe schrieb sein berühmt gewordenes Natur- und Liebesgedicht wahrscheinlich zu Anfang des 19. Jahrhunderts in einem alemannischen Dialekt, wie er zwischen seinem heimatlichen Frankfurt und dem Bodensee gesprochen wird. Es wurde mehrfach vertont, ein Komponist des hier abgedruckten Volkslieds lässt sich aber nicht mit Sicherheit angeben. Unter Verwendung von Goethes erster Textzeile entstand (durch den Volkssänger Alois Glutz?) eine Schweizer Weise mit Jodler, die mit dem deutschen Volkslied sonst nichts gemein hat.

Und in dem Schneegebirge

Aus Schlesien

F. Z.

2. Ich hab daraus getrunken
gar manchen frischen Trunk,
‖: ich bin nicht alt geworden, :‖
ich bin noch allzeit jung.

3. »Ade, mein Schatz, ich scheide,
ade, mein Schätzelein!«
‖: »Wann kommst du aber wieder, :‖
Herzallerliebster mein?«

4. »Wenn's schneiet rote Rosen
und regnet kühlen Wein.
‖: Ade, mein Schatz, ich scheide, :‖
ade, mein Schätzelein!«

5. »Es schneit ja keine Rosen
und regnet keinen Wein:
‖: so kommst du auch nicht wieder, :‖
Herzallerliebster mein.«

Älteste Spuren weisen ins 16. Jahrhundert. Die erste Textstrophe soll (unter dem Titel *Jungbrunnen*) 1533 »im Glatzer Schneegebirge« gesungen worden sein. Die anderen sind vermutlich später entstanden. Die erste vollständige Veröffentlichung dürfte 1808 in *Des Knaben Wunderhorn* erfolgt sein. Mit der Melodie (unbekannter Herkunft) wurde der Text 1848 in einem Breslauer Druck erstmals veröffentlicht.

Und jetzund kommt die Nacht herein

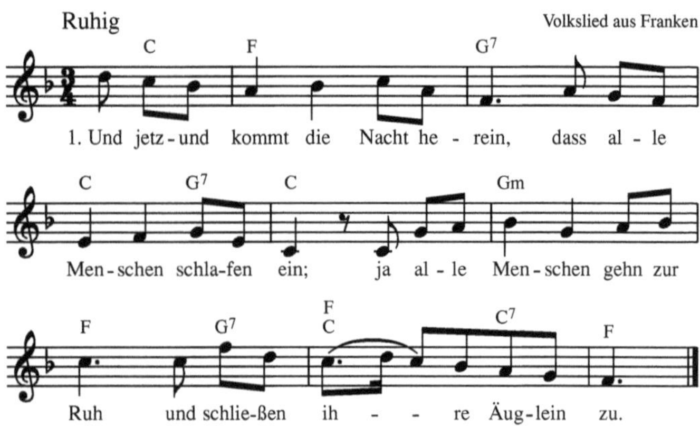

2. Nun flieg du hin, Frau Nachtigall,
grüß mir mein' Schatz viel tausendmal!
Frag, ob er weint, frag, ob er lacht,
frag, ob er meiner gar nicht acht'!

3. Und wenn er meiner auch nicht acht',
wünsch' ich ihm doch ein' gute Nacht,
ein' gute Nacht, ein' sanfte Ruh,
ein' auserwählten Schatz dazu!

Und wieder blühet die Linde

2. Die kleinen Vöglein singen,
die Blumen blühen im Hag,
das ist ein Wandern und Singen
am lichtdurchfluteten Tag.
Tirallala …

3. Ein Kuckucksruf in der Ferne,
ein Wandrer vorüberzieht,
hell klingt aus jubelnder Kehle
ein Lied – und die Linde blüht.
Tirallala …

Unser Leben gleicht der Reise
(Beresina-Lied)

Text: Ludwig Giseke (1756–1832)
Melodie: Johann Immanuel Müller (1774–1839)

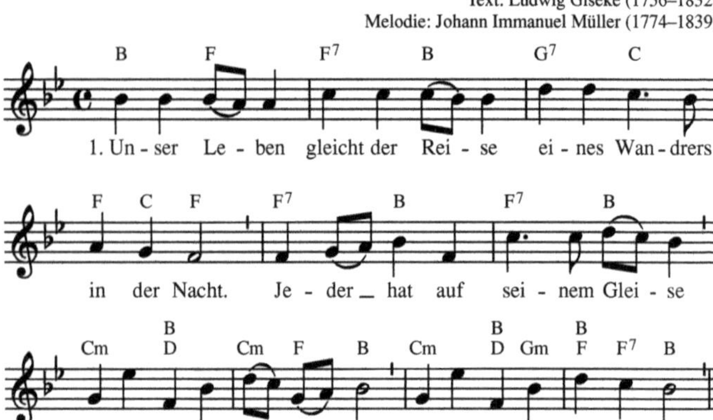

F. Z.

2. Aber unerwartet schwindet
vor uns Nacht und Dunkelheit
und der Schwergedrückte findet
Linderung in seinem Leid.

3. Mutig, mutig, liebe Brüder,
gebt die bangen Sorgen auf;
morgen geht die Sonne wieder
freundlich an dem Himmel auf.

4. Darum lasst uns weitergehen;
weichet nicht verzagt zurück;
hinter jenen fernen Höhen
wartet unser noch ein Glück.

Die beiden Autoren dieses Liedes sind in der Literatur- bzw. Musikgeschichte weitgehend unbekannt geblieben. Mit dem vorliegenden Lied gelang ihnen eine Schöpfung volkstümlicher Prägung. Doch auch diese wäre wahrscheinlich vergessen worden, wenn ihr nicht ein historisches Ereignis erhöhte Bedeutung verliehen und sie in den Rang eines – nicht deklarierten – National-Liedes der Schweizer erhoben hätte. Am Ufer des russischen Flusses Beresina (von dem das Lied nun für immer seinen Namen hat) tobten Ende November 1812 blutige Kämpfe zwischen dem sich fluchtartig aus Russland zurückziehenden Heere Napoleons und dessen Feinden. Bei den Schweizer Regimentern im Dienste des französischen Kaisers herrschte dort am Morgen des 28. November 1812 düstere Hoffnungslosigkeit. Da stimmte in Erwartung des Kampfes der Leutnant Thomas Legler das Lied an, das von allen mitgesungen wurde. Er hat die Szene in seinen *Denkwürdigkeiten* (Glarus, 1868) geschildert. Seitdem besitzt das Lied eine starke Bedeutung für die Schweiz in schweren Tagen.

Verlassen, verlassen bin i

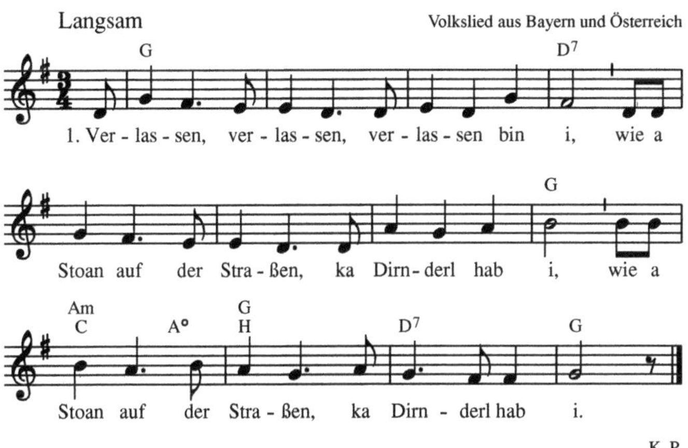

2. I tua wohl, i tua wohl,
als wann mir nix wär',
‖: aber drinnen im Herzen,
da ist mir so schwer. :‖

Zum gleichen Text gibt es auch andere, gänzlich unterschiedliche Weisen.

Verstohlen geht der Mond auf

2. Er steigt die blaue Luft hindurch,
blau, blau Blümelein,
bis dass er schaut auf Löwenburg,
Rosen im Tal …

3. O schaue, Mond, durchs Fensterlein,
blau, blau Blümelein,
schön Rosa grüß mit deinem Schein!
Rosen im Tal …

4. Und siehst du mich und siehst du sie,
blau, blau Blümelein,
zwei treure Herzen sahst du nie.
Rosen im Tal …

Dieses Lied muss wohl als Schöpfung des bedeutenden Volkslied-
sammlers Zuccalmaglio angesehen werden, der es 1829 veröffentlichte. Er dürfte es allerdings nicht frei erfunden haben: Es gab ein
altes niederrheinisches Gedicht, das mit den gleichen Worten begann.
Ebenso wurde schon in Köln um 1600 ein Prozessionslied gesungen (*Wohlauf zu Gott*), das der Melodie des Liedes in heutiger Gestalt
recht ähnlich ist. Zuccalmaglio pflegte bei seinen Veröffentlichungen

keinen Unterschied zwischen älterem Liedgut und eigenen Schöpfungen zu machen. Johannes Brahms nahm *Verstohlen geht der Mond auf* für ein echtes altes Volkslied; er verwendete die Melodie 1853 in seiner Klaviersonate op. 1 und bearbeitete sie später für seine eigene Sammlung alter deutscher Volkslieder. Ob von Zuccalmaglio oder nicht: dem Schöpfer dieser Weise ist ein besonders schönes und durchaus volkstümlich klingendes Lied gelungen. Die in der zweiten Strophe genannte »Löwenburg« steht auf dem Löwenberg, einem der sieben Berge des rheinischen Siebengebirges. Auf der Löwenburg fanden durch Jahrhunderte hindurch volkstümliche Feste statt, bei denen ein diesem verwandtes Lied gesungen wurde.

Viel Freuden mit sich bringet

F. Z.

2. Des Nachts, wenn ist vorüber
der andern Vöglein Sang,
so schwingt sie ihr Gefieder
und singt mit lautem Klang
bald auf das neu' gar hübsch und fein,
bis dass anbricht der Tag,
ihr' wunderschöne Melodein
kein Mensch beschreiben mag.

3. Ihr' schöne Stimm' und Weise
man ehret überall,
drum ich sie jetzt auch preise,
die edle Nachtigall.
Denn unter allen Waldvöglein,
sie sei'n groß oder klein,
ihr keines jemals gleich sein kann,
der Ruhm bleibt ihr allein.

Die frühesten Spuren dieses Liedes sind für Text und Melodie ungefähr zu gleicher Zeit nachweisbar. Die Worte finden sich in Christoph Demantius' (1567–1643) *Neuen Teutschen Weltlichen Liedern* aus dem Jahre 1595, die Melodie in Augustus Normingers *Tabulaturbuch auff dem Instrumente*, Dresden 1598. Verbunden wurden beide wohl erst im 19. Jahrhundert; das Lied wurde in dieser Form von Franz Magnus Böhme (1827–1898), dem Mitarbeiter Ludwig Erks (1807–1883), niedergelegt sowie später noch einmal von M. Pohl überarbeitet (1911). Die Aufbewahrung dieser alten Weise für die heutige Zeit ist auch ein Verdienst von Paul Nitsche, der sie in *Spielt zum Lied* publizierte.

Vo Luzärn uf Wäggis zue

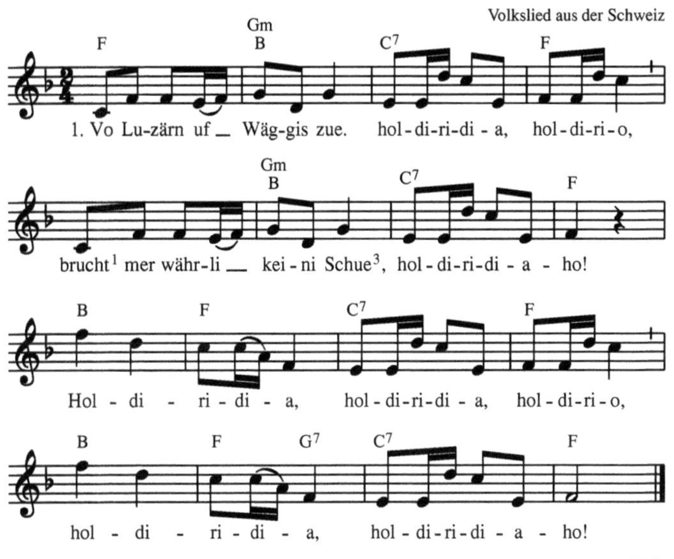

[1] braucht	[3] Schuhe
[2] wahrlich	

2. Me fahrt es bitzeli[4] über e See,
holdiridia, holdirio,
um die schöne Fischli z'gseh[5],
holdiridiaho!
Holdiridia …

3. Z'Wäggis foot[6] das Schtyge[7]'n a,
Buebe, Meitschi, hopsassa.

4. Im Chalt-Bad, do chert me-n- i[8],
und trinkt es Schöppeli'[9] guete Wii'[10].

5. Und wo mer sind uf d'Rigi cho,
so lauft is 's Sennemeitschi[11] no.

6. Es treid[12] is Alpenrösli a,
und seid[13], es heig[14] de no kei Ma[15].

[4] ein bisschen	[8] da kehrt man ein	[12] trägt
[5] zu sehen	[9] Schoppen, Gläschen	[13] sagt
[6] fängt	[10] Wein	[14] habe
[7] Steigen	[11] Sennerin, Sennenmädchen	[15] Mann

Das Lied schildert einen Aufstieg auf den Aussichtsberg Rigi (»die«
Rigi, wie die Schweizer sagen): von Luzern nach Weggis mit dem

Schiff über den Vierwaldstätter-See, dann über Kaltbad auf den
Gipfel – zu Fuß oder mit der Bahn. Es stammt vielleicht von Alfred
Leonz Gassmann, der es um 1885 aufschrieb.

Wach auf, mein's Herzens Schöne

Text: Autor unbekannt
Melodie: Johann Friedrich Reichardt (1752–1814)

F. Z.

2. Ich hör die Hahnen krähen
und spür den Tag dabei.
Die kühlen Winde wehen,
die Sterne leuchten frei;
singt uns Frau Nachtigalle,
singt uns ein' süße Melodei,
sie neut den Tag mit Schalle.

3. Selig ist Tag und Stunde,
darin du bist geborn!
Gott grüß mir dein' rot' Munde,
den ich mir hab erkorn!
Kann mir kein' Lieb're werden!
Schau, dass mein Lieb' nicht sei verlorn!
Du bist mein Trost auf Erden.

Die Geschichte dieses alten Tageliedes ist längst nicht mehr genau nachzuzeichnen. Das ursprüngliche Liebesgedicht erlangte seine größte Volkstümlichkeit, als Hans Sachs (1494–1576), der Nürnberger Meistersinger, es 1525 zu einem Reformationslied machte: *Ein schöne Tagweis vom Wort Gottes. In dem Ton: Wach auf meins Hertzen ein schöne*. Die Melodie kommt in vielen alten Sammlungen vor (1544, 1550 usw.). In der Schweiz wurde 1558 (bei Apiario, Bern) ein *Frühlingslied auf die Reformation* gedruckt, das so beginnt: *Wach uf, mins herzen schöni, du christenliche schar*. Auch Marienlieder wurden auf die gleiche Melodie gesungen. Heute erfüllt das Lied vor allem wieder seinen ursprünglichen Zweck: ein Liebeslied zu sein.

Was frag ich viel nach Geld und Gut

Text: Johann Martin Miller (1750–1814)
Melodie: Christian Gottlob Neefe (1748–1798)

K. P.

2. So mancher schwimmt im Überfluss,
hat Haus und Hof und Geld
und ist doch immer voll Verdruss
und freut sich nicht der Welt.
Je mehr er hat, je mehr er will,
nie schweigen seine Klagen still.

3. Da heißt die Welt ein Jammertal
und ist doch wunderschön,
hat Freuden ohne Maß und Zahl,
lässt keinen leer ausgehn.
Das Käferlein, das Vögelein
darf sich ja auch des Maien freun.

4. Und uns zuliebe schmücken ja
sich Wiese, Berg und Wald
und Vögel singen fern und nah,
dass alles widerhallt.
Bei Tage singt die Lerch' uns zu,
die Nachtigall zur Abendruh.

Was hab ich denn meinem Feinsliebchen getan

Text: Volkslied aus Mähren
Melodie: Volksweise aus Schlesien

F. Z.

2. Das macht wohl ihr stolzer, hochmütiger Sinn,
dass ich ihr nicht schön und nicht reich genug bin;
und bin ich auch nicht reich, so bin ich doch jung,
‖: herzallerliebstes Schätzele, was kümm'r ich mich drum? :‖

3. Die stillen, stillen Wasser, die haben keinen Grund;
lass ab von der Liebe, sie ist dir nicht gesund;
die hohen, hohen Berge, das tiefe, tiefe Tal,
‖: heut seh ich mein Schätzele zum allerletzten Mal. :‖

Der Text dieses Liedes geht bis weit ins 18. Jahrhundert zurück. Ob seine erste Aufzeichnung 1817 im damals österreichischen Mähren erfolgte oder im Odenwald und an der Bergstraße, kann kaum noch festgestellt werden. Auch in Schwaben und im Untertaunus findet er sich früh. Unsere Fassung, die heute zumeist gesungen wird, stammt von Friedrich Silcher (1789–1860), der auch die angeblich schlesische Melodie aufgezeichnet hat. Er hat die früher sieben und mehr Strophen auf die hier abgedruckten drei reduziert.

Weiß mir ein schönes Röselein

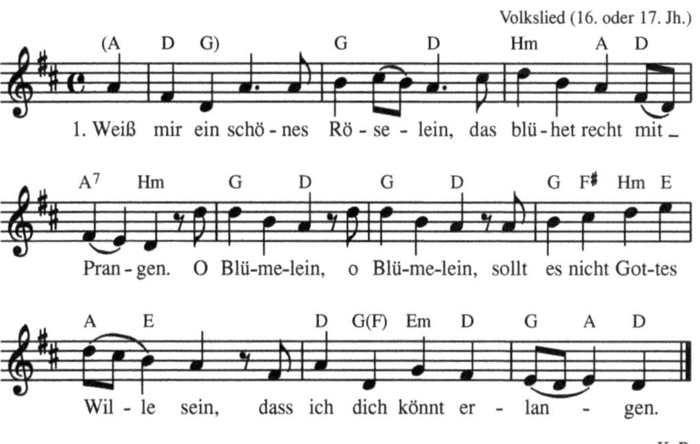

2. Es blüht so fein, es blüht so licht
auf weiter, breiter Heide;
kein schön're nicht, kein schön're nicht
erschauet wo mein Angesicht,
gibt mir ein' größ're Freude.

3. Du Blümlein zart, du Blümlein fein,
bald kommt der Winter kalte;
kehr zu mir ein, kehr zu mir ein,
in meines Herzens Sonnenschein
ich deiner sorglich walte.

188

Wem Gott will rechte Gunst erweisen

2. Die Bächlein von den Bergen springen,
die Lerchen schwirren hoch vor Lust;
was sollt ich nicht mit ihnen singen
aus voller Kehl' und frischer Brust?

3. Den lieben Gott lass ich nur walten;
der Bächlein, Lerchen, Wald und Feld
und Erd und Himmel will erhalten,
hat auch mein Sach' auf's best' bestellt.

Dieses äußerst populär gewordene Lied ist aus recht verschieden-artigen Elementen entstanden. Zu Ende des 18. Jahrhunderts sang man in einigen deutschen Landschaften ein Volkslied mit dem Text *Da zieh' ich wiedrum*. Es ist kaum anzunehmen, dass Joseph von Eichendorff dieses Lied kannte, als er (1822) das berühmt gewor-dene Gedicht *Wem Gott will rechte Gunst erweisen* schrieb und in die 1826 erschienene Meisternovelle *Aus dem Leben eines Tauge-nichts* einlegte. Der jung verstorbene Schweizer Musiker Friedrich Theodor Fröhlich schrieb um 1833 die Melodie, die sich Eichendorffs Text anpasste und eine Umarbeitung des alten Volksliedes *Da zieh' ich wiedrum* darstellt.

Wenn alle Brünnlein fließen

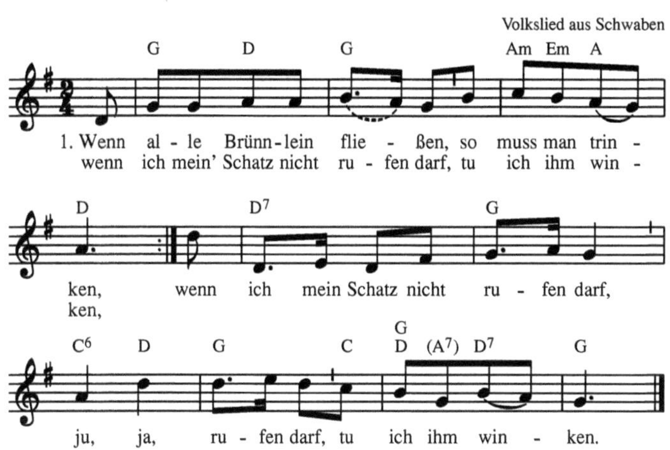

2. Ja winken mit den Äugelein
und treten auf den Fuß;
's ist eine in der Stube drin,
die meine werden muss,
's ist eine in der Stube drin,
ju, ja, Stube drin,
die meine werden muss.

3. Warum sollt' sie's nicht werden,
ich hab sie ja so gern.
Sie hat zwei blaue Äugelein,
die leuchten wie zwei Stern'.
Sie hat zwei blaue Äugelein,
ju, ja, Äugelein,
die leuchten wie zwei Stern'!

4. Sie hat zwei rote Wängelein,
sind röter als der Wein,
ein solches Mädel findst du nicht
wohl unterm Sonnenschein.
Ein solches Mädel findst du nicht,
ju, ja, findst du nicht
wohl unterm Sonnenschein.

Zum ersten Mal wurde der Text dieses Liedes unter dem Titel *Die Brünnle* um 1515 in Schwaben erwähnt. Die erste Phrase der Melodie ist in zahlreichen Liedern alter und neuerer Zeit gleich oder sehr ähnlich zu finden. Die Verbindung mit dem bis heute gesungenen Text dürfte im 19. Jahrhundert erfolgt sein: Sie steht bei Friedrich Silcher (1789–1860) sowie in Ludwig Erks (1807–1883) Volksliedersammlung *Deutscher Liederhort* aus dem Jahre 1856.

Wenn der Frühling kommt

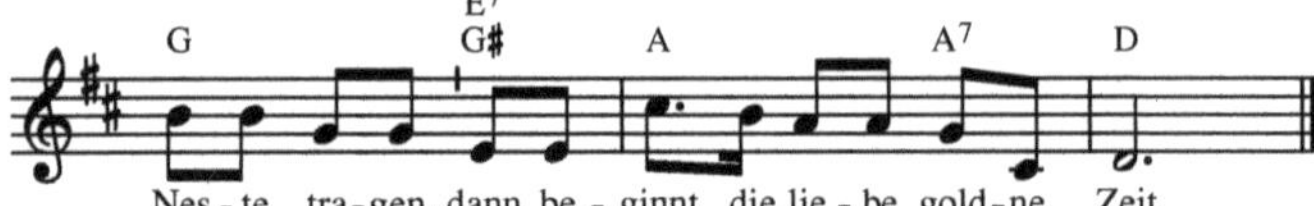

C.-D. L.

2. Wenn der Weichselbaum
duft'ge Blüten schneit,
wenn die Störche kommen
und der Kuckuck schreit,
wenn die Bächlein quellen
und die Knospen schwellen,
dann beginnt die liebe goldne Zeit.

Wenn der Topp aber nun'n Loch hat

C.-D. L.

2. »Womit soll ich's aber zustopp'n,
lieber Heinrich, lieber Heinrich?«
»Mit Stroh, liebe, liebe Liese,
liebe Liese, mit Stroh!«

3. »Wenn das Stroh aber nun zu lang ist,
lieber Heinrich, lieber Heinrich?«
»Hau es ab, liebe, liebe Liese,
liebe Liese, hau's ab!«

4. »Womit soll ich's aber abhaun,
lieber Heinrich, lieber Heinrich?«
»Mit dem Beil, liebe, liebe Liese,
liebe Liese, mit'm Beil!«

5. »Wenn das Beil aber nun zu stumpf ist,
lieber Heinrich, lieber Heinrich?«
»Mach es scharf, liebe, liebe Liese,
liebe Liese, mach's scharf!«

6. »Womit soll ich's aber scharf mach'n,
lieber Heinrich, lieber Heinrich?«
»Mit dem Stein, liebe, liebe Liese,
liebe Liese, mit 'm Stein!«

7. »Wenn der Stein aber nun zu trock'n ist,
lieber Heinrich, lieber Heinrich?«
»Mach ihn nass, liebe, liebe Liese,
liebe Liese, mach 'n nass!«

8. »Womit soll ich'n aber nass mach'n,
lieber Heinrich, lieber Heinrich?«
»Mit dem Wass'r, liebe, liebe Liese,
liebe Liese, mit 'm Wass'r!«

9. »Womit soll ich denn das Wass'r holen,
lieber Heinrich, lieber Heinrich?«
»Mit dem Topp, liebe, liebe Liese,
liebe Liese, mit 'm Topp!«

10. »Wenn der Topp, aber nun'n Loch hat,
lieber Heinrich, lieber Heinrich?«
»Lass es sein, dumme, dumme Liese,
dumme Liese, lass's sein!«

(Anstatt der 10. Strophe kann wiederum die erste
gesungen werden und so fort – ohne Ende.)

Der Text dieses Scherzliedes soll um 1700 schon im Erzgebirge
volkstümlich gewesen sein. Die Melodie trat um 1830 im Raum um
Cleve – zuerst mit dem Text *Spinn, spinn, meine liebe Tochter* –
auf; heute bilden beide Lieder verschiedene Einheiten: *Wenn der
Topp …* mit der obigen, *Spinn, spinn …* mit einer nur teilweise leicht
veränderten Melodie.

Wenn die Bettelleute tanzen

2. Kommt man über eine Brücke,
klappern sie mit Stock und Krücke.
Eia, eia …
klappern sie mit Stock und Krücke.

3. Kommen sie in eine Schänke,
spring'n sie über Tisch und Bänke.
Eia, eia …
spring'n sie über Tisch und Bänke.

Auf die gleiche Melodie wird auch der folgende, anonym verfasste Text
(ebenfalls aus dem 19. Jahrhundert) gesungen:

1. Wenn die Nachtigallen schlagen,
ei, wem sollt' es nicht behagen!
Tjotjo, tjotjo, tütütü, zirr, zirr,
zirr, zirr, zirr,
tjotjotjotjotjo, tjotjotjotjotjo,
ei, wem sollt' es nicht behagen!

2. Doch die Frösch' in ihren Lachen,
hört nur, was für Lärm sie machen.
Quakquak …

3. Mancher hebet an zu singen
und er meint, es müsste klingen.
Tjotjo …

4. Doch es klingt wie Froschgequake
und wie aus dem Dudelsacke:
Quakquak …

Wenn die bunten Fahnen wehen

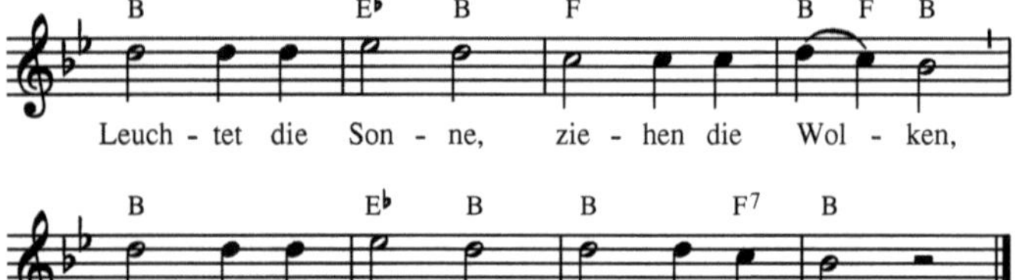

H. S.

© 1995 Schott Musik International, Mainz

2. Sonnenschein ist unsre Wonne,
wie er lacht am lichten Tag!
Doch es geht auch ohne Sonne,
wenn sie mal nicht scheinen mag.
Blasen die Stürme,
brausen die Wellen,
singen wir mit dem
Sturm unser Lied.

3. Hei, die wilden Wandervögel
ziehen wieder durch die Nacht!
Singen ihre alten Lieder,
dass die Welt vom Schlaf erwacht.
Kommt dann der Morgen,
sind sie schon weiter,
über die Berge,
wer weiß, wohin.

4. Wo die blauen Gipfel ragen,
lockt so mancher steile Pfad.
Immer vorwärts, ohne Zagen,
bald sind wir dem Ziel genaht.
Schneefelder blinken,
schimmern von ferne her,
Lande versinken
im Wolkenmeer.

Dieses sehr volkstümlich gewordene Lied entstand, von dem später in der nationalsozialistischen Zeit verfolgten Alf Zschiesche gedichtet und vertont, im Schoße der Nerother Wandervogel-Bewegung, die sich nach 1920 von der ursprünglichen Organisation abspaltete und ihren Sitz auf der Burg Waldeck aufschlug, nachdem sie in der Nerother Höhle in der Eifel gegründet worden war.

Wenn hie en Pott mit Bohnen steiht

C.-D. L.

¹ Topf
² Brei

2. Un wenn Marie nich dansen kann,
dann hat se scheeve Been³,
dann treckt⁴ se Schleepenkleder⁵ an,
dann is dat nich to sehn.
Marie, Marei …

³ krumme Beine
⁴ zieht an
⁵ lange (Schleppen-)Kleider

3. Marie, Marie, wat denkst du denn,
wat hest in dinem Sinn,
du denkst wohl an den groten Pott
mit Brie und Bohnen drin.

4. Marie is so ne söite Deern[6]
vun Kopp bet to de Föit[7],
un wenn ick er en Kuss opdrock'[8],
o Jung, wat smeckt dat söit.

[6] süßes Mädel
[7] bis zu den Füßen
[8] aufdrücke

Wenn ich ein Vöglein wär

2. Bin ich gleich weit von dir,
bin doch im Schlaf bei dir
und red mit dir.
|: Wenn ich erwachen tu, :|
bin ich allein.

3. Es gibt kein' Stund' zur Nacht,
da nicht mein Herz erwacht
und an dich denkt,
|: dass du mir tausendmal :|
dein Herz geschenkt.

Über den Ursprung dieses heute vor allem als Kinderlied überall gesungenen Liedes gibt es die verschiedensten, oft widersprüchlichen Angaben. Die dritte Strophe soll – im Zusammenhang mit dem Lied *Mag ich reden* – schon um 1750 nachweisbar sein. Der gesamte Text steht 1778 in den *Volksliedern* von Johann Gottfried Herder (1744–1803), der einer der frühesten Volksliedkenner der deutschen Romantik und Schöpfer des Wortes *Volkslied* war. Unabhängig vom Text tauchte die Melodie im Jahre 1784 in Halle als Freimaurerweise

(*Lieder mit Melodien zum Gebrauch der Loge*) auf. Laut anderen Quellen wurde die Melodie aber erst 1800 als Komposition von Johann Friedrich Reichardt (1752–1814) geschaffen; sie kommt in seinem Liederspiel *Lieb und Treue* mit dem obigen Text vor. Vielleicht aber ist ihm lediglich die Zusammenführung von Text und Melodie zu verdanken, so wie wir sie heute singen.

Wenn mer sonntags in die Kirche gehn

Volkslied aus Schlesien
Textfassung: Lothar Lechner (1904–1982)

C.-D. L.

2. Schimpft uns auch der Pfarrer mächtig aus,
||: 's war immer aso, :||
bei der Messe schlaf' mer's wieder aus,
's war immer aso, aso.
Du, lieber Gott, machst alle gleiche
und führst uns in dein Himmelreiche.
Denn mer sind ja gute Kinderlein …

3. Wenn die Orgel 's letzte Stückel spielt,
||: 's war immer aso, :||
alt und jung sich wieder durstig fühlt,
's war immer aso, aso.
Zum Wirtshaus laufen uns die Beine,
der Pfarrer lässt uns kaum alleine.
Denn mer sind ja gute Kinderlein …

4. Wenn's auf heimzu auch recht wacklig geht,
||: 's war immer aso, :||
weiß der Kuckuck, wo der Kopf uns steht,
's war immer aso, aso.
Daheim empfängt uns die Karline
mit einer sauersüßen Miene:
»Na, ihr seid mir schöne Kinderlein«,
||: 's war immer aso, :||
»na, ihr seid mir schöne Kinderlein«,
's war immer aso, aso.

Wenn's Mailüfterl weht

Text (1846): Anton von Klesheim (1812–1884)
Melodie (1853): Joseph Kreipl

K. P.

2. Und blühen die Rosen,
wird's Herz nimmer trüb,
denn d'Rosenzeit ist ja
die Zeit für d' Lieb'.
Die Rosen, die blühen
so frisch alle Jahr',
:| doch d' Lieb' blüht nur einmal, :|
|: doch d' Lieb' blüht nur einmal
und nachher ist's gar. :|

3. Jed's Jahr kommt der Frühling,
ist d'r Winter vorbei;
der Mensch aber hat nur
ein' einzigen Mai.
Die Schwalben flieg'n fort,
doch sie ziehn wieder her,
|: nur der Mensch, wenn er fortgeht, :|
|: nur der Mensch, wenn er fortgeht,
der kommt nimmermehr. :|

Wer hat die Blumen nur erdacht

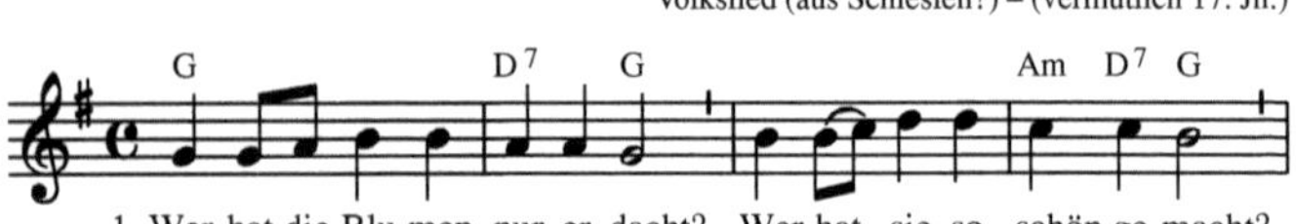

2. Wer hat im Garten und im Feld,
sie so auf einmal hingestellt?
Erst war's doch so hart und kahl,
blüht nun alles auf einmal.

3. Wer ist's, der ihnen allen schafft,
in den Wurzeln frischen Saft,
gießt den Morgentau hinein,
schickt den hellen Sonnenschein?

4. Wer das ist und wer das kann
und nicht müde wird daran,
das ist Gott in seiner Kraft,
der die lieben Blumen schafft.

Wer recht in Freuden wandern will

Text (1839): Emanuel Geibel (1815–1884)
Melodie: Gustav Klauer (1827–1854)

K. P.

2. Die ganze Welt ist wie ein Buch,
darin uns aufgeschrieben
in bunten Zeilen manch ein Spruch,
wie Gott uns treu geblieben.
Wald und Blumen nah und fern
und der helle Morgenstern
sind Zeugen von seinem Lieben.

3. Da zieht die Andacht wie ein Hauch
durch alle Sinnen leise,
da pocht ans Herz die Liebe auch
in ihrer stillen Weise;
pocht und pocht, bis sich's erschließt
und die Lippe überfließt
von lautem, von jubelndem Preise.

4. Und plötzlich lässt die Nachtigall
im Busch ihr Lied erklingen,
in Berg und Tal erwacht der Schall
und will sich aufwärts schwingen;
und der Morgenröte Schein
stimmt in lichter Glut mit ein:
Lasst uns dem Herrn lobsingen!

Wia lusti is's im Winter

¹ Sennerin

2. Und kimmt a ander's Wetter,
so schlaf ma auf'n Feld,
verkauf' ma unsre Better,
da kriagn ma aa brav Geld!
Trihulja …

3. Am Montag toan mas melcha²,
am Dienstag toan ma's rüahrn³,
am Mittwoch toan ma d'Striezln⁴
von de Alma abafüahrn⁵.
Trihulja …

² melken
³ buttern
⁴ Butterlaibe
⁵ ins Tal bringen

4. Am Pfindsta[6] toan ma's heugna[7],
am Freitag füahrn ma's ei,
am Samstag kimmt mei Büabei[8],
ui, da werd's lusti sei!

5. Ob Winter oder Summa,
ob's hoaß is oder schneibt[9]:
Beim Alman[10] und beim Brecheln[11],
hab' i mei größte Freud'!

[6] der fünfte Tag, Donnerstag
[7] heuen
[8] Bube

[9] schneit
[10] auf der Alm leben
[11] Flachs brechen

Wie komm ich denn zur Tür herein
(We kumm ich dann de Pooz erenn)

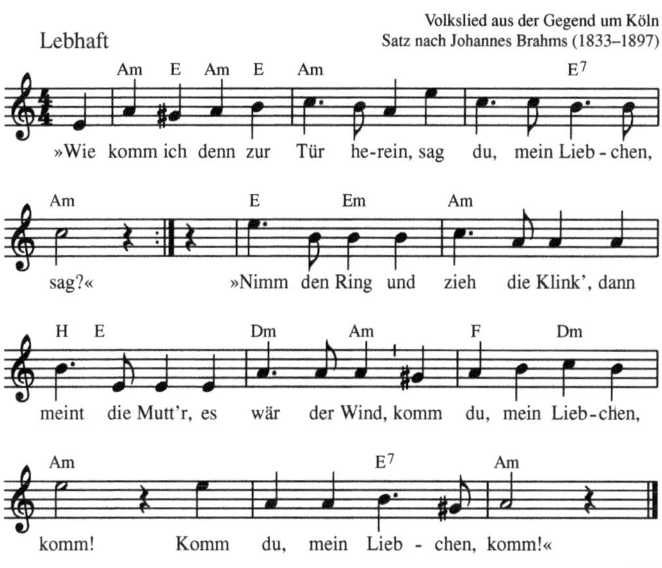

2. »Wie komm ich denn vorbei dem Hund,
sag du, mein Liebchen, sag?«
»Gib dem Hund ein gutes Wort,
dann geht er wied'r an seinen Ort,
‖: komm du, mein Liebchen, komm!« :‖

Der Text in Kölner Mundart:

1. »We kumm ich dann de Pooz erenn,
sag do, min Leevche, sag?«
»Nemm der Ringk un schött de Klingk,
dann meint ming Mod'r, et däät der Wind,
|: komm do, mi Leevche, komm!« :|

2. »We kumm ich dann mahl lans der Hungk,
sag do, mi Leevche, sag?«
»Gevv dem Hungk jet gode Woot,
dann geit hä widd'r an singen Oot,
|: komm do, mi Leevche, komm!« :|

Älteste Quellen für dieses Lied sind im 16. Jahrhundert gefunden worden. Es wurde in vielen Gegenden mit recht verschiedenen Texten gesungen, nicht nur niederdeutschen, sondern u. a. auch holländischen. Die wahrscheinlich erste Niederschrift verfertigte kurz nach 1800 Achim von Arnim (1781–1831). Später gibt es Fassungen mit vielen Strophen, die Ratschläge eines Mädchens an ihren Liebhaber enthalten, sie des Nachts in ihrer Kammer aufzusuchen. Ein in Genf erschienener Druck bezeichnet das Lied darum mit dem Titel *Liebesunterricht*. Wir bringen den heute meistgesungenen Text außer in hochdeutscher Sprache auch in »kölschem« Dialekt, in dem das Lied gegenwärtig am meisten verbreitet erscheint. Johannes Brahms bearbeitete es für seine Volksliedsammlung.

Wie lieblich schallt

Text (1817): Christoph von Schmid (1768–1854)
Melodie (1826): Friedrich Silcher (1789–1860)

K.P.

2. Und jeder Baum im weiten Raum
𝄆 dünkt uns wohl noch so grün; 𝄇
es wallt der Quell wohl noch so hell
𝄆 durchs Tal dahin, dahin. 𝄇

3. Und jede Brust fühlt neue Lust
𝄆 beim frohen Zwillingston; 𝄇
es flieht der Schmerz aus jedem Herz
𝄆 sogleich davon, davon. 𝄇

Wir sind durch Deutschland gefahren

2. In den Ohren das Rauschen des Stromes,
der Lerchen Jubelgesang,
𝄆 das Läuten der Glocken vom Dome,
der Wälder wogender Klang. 𝄇

3. In den Augen das Leuchten der Sterne,
des nächtlichen Feuers Glut,
𝄆 und tief in der Seele das ferne,
das Sehnen, das nimmermehr ruht. 𝄇

4. Wir sind durch die Welt … (wie 1. Strophe)

Wir tanzen im Maien

2. Wir tanzen im Maien
den lustigen Reihen,
es singen und jauchzen
die Flöten darein.

Wir fassen im Reihen
uns fest bei der Hand
und tanzen im Maien,
im Maien durchs Land.

Die Melodie dieses Liedes scheint viel älter zu sein als der Text, wahrscheinlich war sie ursprünglich eine Tanzweise, ein »Dreher« oder Ländler (manchmal auch schon »Tyroler Walzer« genannt) aus dem 18. Jahrhundert. Die Textierung erfolgte vermutlich erst im 19. Jahrhundert. Es gibt von diesem Lied ziemlich stark voneinander abweichende melodische Varianten.

Wo e klein's Hüttle steht

2. Lieble ist's überall, lieble auf Erde,
lieble ist's überall, lustig im Mai.
Wenn es nur möglich wär, z'mache wär, möglich wär,
mei müsst' du werde, mei müsst' du sein.

3. Wenn zu mei'm Schätzle kommst, tu mir's schön grüße,
wenn zu mei'm Schätzle kommst, sag ihm viel' Grüß'.
Wenn es fragt, wie es geht, wie es steht, wie es geht,
sag, auf zwei Füße, sag, auf zwei Füß'.

4. Und wenn es freundlich ist, sag, i sei g'storbe,
und wenn es lache tut, sag, i hätt' g'freit;
wenn's aber weine tut, klage tut, weine tut,
sag, i komm morge, sag, i komm heut.

5. Maidle, trau net so wohl, du bist betroge!
Maidle, trau net so wohl, du bist in G'fahr!
Dass i di gar net mag, nimmer mag, gar net mag:
Sell is verloge, sell ist net wahr.

Wohlan, die Zeit ist 'kommen

Text (1806): *Des Knaben Wunderhorn*
Melodie: nach Ludwig Schubart

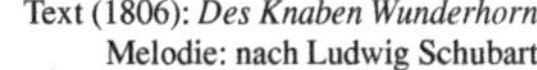

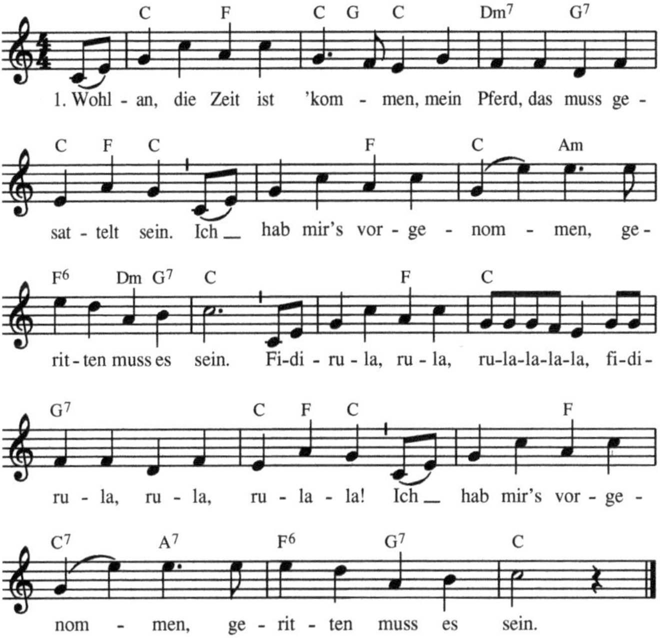

K.P.

2. In meines Vaters Garten,
da stehn viel' schöne Blum', ja Blum'.
Drei Jahr' muss ich noch warten,
drei Jahr' sind bald herum.
Fidirula …

3. Du glaubst, du wärst die Schönste
wohl auf der ganzen Welt, ja Welt,
und auch die Angenehmste,
ist aber weit gefehlt.
Fidirula …

4. Der Kaiser streit' für's Ländle,
der Herzog für sein Geld, ja Geld,
und ich streit für mein Schätzle,
solang es mir gefällt.
Fidirula …

5. Solang ich leb auf Erden,
sollst du mein Trimpel-Trampel sein,
und wenn ich dann gestorben bin,
so trampelst hinterdrein.
Fidirula …

Wohlauf, die Luft geht frisch und rein

Text (1806): Joseph Victor v. Scheffel (1826–1886)
Melodie: Valentin Eduard Becker (1814–1890)

F. Z.

2. Der Wald steht grün, die Jagd geht gut,
schwer ist das Korn geraten;
sie können auf des Maines Flut
die Schiffe kaum verladen.
Bald hebt sich auch das Herbsten an,
die Kelter harrt des Weines;
der Winzer Schutzherr Kilian
beschert uns etwas Feines.

3. Wallfahrer ziehen durch das Tal
mit fliegenden Standarten,
hell grüßt ihr doppelter Choral
den weiten Gottesgarten.
Wie gerne wär ich mitgewallt,
ihr Pfarr' wollt' mich nicht haben!
So muss ich seitwärts durch den Wald
als räudig' Schäflein traben.

4. Zum heil'gen Veit von Staffelstein
bin ich emporgestiegen
und seh die Lande um den Main
zu meinen Füßen liegen.
Von Bamberg bis zum Grabfeldgau
umrahmen Berg' und Hügel
die breite, stromdurchglänzte Au.
Ich wollt, mir wüchsen Flügel!

Wohlauf in Gottes schöne Welt

Text (1852): Julius Rodenberg (1831–19?)
Melodie: Volksweise aus der Mark Brandenburg

Flottes Marschtempo

K.P.

212

2. Du traute Stadt am Bergeshang,
lebe wohl, ade!
Du hoher Turm, du Glockenklang,
lebe wohl, ade!
Ihr Häuser alle, wohl bekannt,
noch einmal wink ich mit der Hand,
𝄆 lalalala, lalala,
und nun seitab gewandt. 𝄇

3. An meinem Wege fließt der Bach,
lebe wohl, ade,
der ruft den letzten Gruß mir nach:
lebe wohl, ade!
Ach Gott, da wird's so eigen mir,
so milde wehn die Lüfte hier,
𝄆 lalalala, lalala,
als wär's ein Gruß von dir. 𝄇

4. Ein Gruß von dir, du schönes Kind,
lebe wohl, ade,
und nun den Berg hinab geschwind!
Lebe wohl, ade!
Wer wandern will, der darf nicht stehn,
der darf niemals nach hinten sehn,
𝄆 lalalala, lalala,
muss immer weiter gehn. 𝄇

Wohlauf, noch getrunken

Text (1809): Justinus Kerner (1786–1862)
Melodie: Volksweise (um 1820)

K.P.

* Die Noten in Klammern werden manchmal weggelassen.

2. Die Sonne, sie bleibet am Himmel nicht stehn;
es treibt sie, durch Länder und Meere zu gehn.
‖: Die Woge nicht haftet am einsamen Strand,
die Stürme, sie brausen mit Macht durch das Land. :‖
Juvivallera …

3. Mit eilenden Wolken der Vogel dort zieht
und singt in der Ferne ein heimatlich' Lied.
‖: So treibt es den Burschen durch Wälder und Feld,
zu gleichen der Mutter, der wandernden Welt. :‖

4. Da grüßen ihn Vögel bekannt überm Meer,
sie flogen von Fluren der Heimat hierher.
‖: Da duften die Blumen vertraulich um ihn,
sie trieben vom Lande die Düfte dahin. :‖

5. Die Vögel, die kennen sein väterlich' Haus;
die Blumen einst pflanzt' er der Liebe zum Strauß.
‖: Und Liebe, die folgt ihm, sie geht ihm zur Hand,
so wird ihm zur Heimat das fernste Land. :‖

Z' Basel an mim Rhi

Text: Johann Peter Hebel (1760–1826)
Melodie: Franz Abt (1819–1885)

K.P.

2. In der Münsterschuel
uf mim herte Stuehl⁴
mag i zwor jetzt nüt meh ha,
d'Töpli⁵ stöhn mer nummen a⁶
in der Basler Schuel.

3. Aber uf der Pfalz⁷
alle Lüte⁸ g'fallt's.
O wie wechsle Berg und Tal?
Land und Wasser überall
vor der Basler Pfalz!

4. Uf der breite Bruck
fürsi⁹ hi und z'ruck,
nei, was sieht me Heere¹⁰ stoh¹¹,
nei, was sieht me Jumpfere¹² goh
uf der Basler Bruck!

5. Wie ne freie Spatz
uf em Petersplatz
flieg i um und's wird mer wohl
wie im Bubekamisol¹³,
uf em Petersplatz.

6. Uf der grüene Schanz¹⁴
in der Sunne Glanz,
wo'n i Sinn und Auge ha,
lacht's mi nit so lieblich a,
bis go Sante Hans¹⁵.

7. 's Seilers¹⁶ Rädli springt;
los, der Vogel singt.
Summervögel¹⁷ jung und froh
ziehn de blaue Blueme no¹⁸.
Alles singt und springt.

---

¹ Rhein
² sein
³ weht
⁴ harten Stuhl
⁵ (strafender) Schlag auf
  die Hand
⁶ gebühren mir nicht mehr

⁷ Baseler Platz mit Blick
  auf den Rhein
⁸ allen Leuten
⁹ vorwärts
¹⁰ Herren
¹¹ stehen
¹² Jungfern, Mädchen

¹³ Leibchen der Knaben
¹⁴ Basler Platz (alte Schanze)
¹⁵ bis nach Sankt Johann
  (heute Basler Stadtteil)
¹⁶ altes bedeutendes Basler
  Gewerbe
¹⁷ Schmetterlinge
¹⁸ nach

Johann Peter Hebel war als badischer Dichter Schöpfer echter Heimatkunst (*Schatzkästlein des rheinischen Hausfreundes*). In seinen alemannischen Gedichten finden sich die Verse mit der Überschrift »Erinnerung an Basel. An Frau Meville.« Hebel stammte aus dem Wiesental; sein badischer Dialekt ist dem (schweizerischen) »Baseldeutsch« eng verwandt. Franz Abt (1819 in Eilenburg geboren, 1885 in Wiesbaden gestorben) war Dirigent in Zürich, wo er am Theater mit dem dort im Exil lebenden Richard Wagner zusammentraf. Manches seiner Lieder ist volkstümlich geworden (*Wenn die Schwalben heimwärts ziehn, Gute Nacht, du mein herziges Kind*), vor allem aber dieses Basel-Lied, das geradezu zum musikalischen Symbol der Rheinstadt wurde; das galt sogar noch im vorgeschrittenen 20. Jahrhundert: Arthur Honegger zitiert es in seiner 4. Sinfonie (1947), die den Untertitel *Deliciae Basilienses* (etwa »Baseler Freuden«) führt.

Praktisches Wörterbuch der Musik

Vocabolario pratico della musica

Practical Vocabulary of Music

Vocabulaire pratique de la musique

Mehr als 4.000 Stichwörter in Deutsch, Englisch, Italienisch und Französisch
SEM 8279

Wie oft kommt es vor, dass man beim Studium eines Notentextes auf ein fremdsprachliches Wort stößt, das einem buchstäblich nichts sagt ... Als zuverlässiger Helfer in solchen Situationen ist dieses Buch gedacht: Ein Blick ins Register, und schon ist die gewünschte Übersetzung gefunden. Mit über 4.000 Stichwörtern zur klassischen Musik (Instrumente, Vortragsweisen, Gattungen, Formen und tägliche Redewendungen) sowie zu Jazz und Popularmusik ist das *Praktische Wörterbuch der Musik* ein unentbehrliches Nachschlagewerk für jeden, der sich mit Musik beschäftigt.

In allen Buch- und Musikalienhandlungen erhältlich!